보행도시

이 도서의 국립중앙도서관 출판시도서목록(CIP)은 서지정보유통지원시스템 홈페이지(http://seoji.nl.go.kr)와 국가자료공동목록시스템(http://www.nl.go.kr/kolisnet)에서 이용하실 수 있습니다. (CIP제어번호 : CIP2014016653)

서울연구원 미래서울 연구총서 07

보행도시

임금선 지음

한울
아카데미

차례

서문

직립보행을 하는 유일한 동물인 인간에게 보행은 가장 기본적인 이동 방법이다. 개별적인 성장 속도의 차이에 따라 걸음마를 떼는 시기는 다르겠지만, 대체로 아기는 돌을 전후로 걷기 시작한다. 이 걸음의 시작은 한 사람이 세상을 떠날 때까지 계속된다. 따라서 보행은 리얼리티이며 존재의 확인이다.

걸어 다니는 존재들은 늘 흔적을 만든다. 그 흔적이 바로 '길'이다. 그러나 도시가 산업화되면서 이러한 자연발생적인 길이 사라지고 바퀴 달린 운송기관을 위한 길이 생겨났다. 사람들은 그 편리함에 매혹되어 더 많은 길을 만들고 육중한 바퀴가 견딜 수 있도록 포장을 했다. 흙길이 아닌 아스팔트 도로가 늘어나면서 도시인은 보행이 주는 생명력과 활기를 잃어갔다.

보행도시를 정의해본다면, 첫째, 자연과 사람의 생명력을 회복하는 아름다운 도시이다. 둘째, 도시와 사람의 심장이 함께 뛰는 건강도시이다. 셋째, 인간 본연의 권리를 맘껏 행사할 수 있는 민주도시이다. 넷째, 노인, 아이, 장애인이 함께 걷는 복지도시이다. 다섯째, 자동차와 보행자가 조화를 이루며 공존하는 도시이다. 여섯째, '우리'의 의미를 되찾는 나눔도시이다.

보행은 인간이 취득한 최초의 권리이며 기쁨이다. 그런데 나이가 들어 신체가 쇠약해지면 이 권리와 기쁨을 제대로 누리지 못하게 된다. 도시도 사람처럼 나이를 먹는다. 그러나 나이를 먹는다는 것은 귀찮고 성가신 것이 아니라 보이지 않는 자산이다. 사람도, 도시도 나이를 먹을수록 점점 더 단단해지고 세월의 멋이 묻어나오기 때문이다.

서울시가 보행도시로 거듭난다는 것은 서울의 주름살과 흉터를 감추는 일이 아니다. 600세란 나이를 진솔하게 드러내고 자랑하는 것이다. 보행도시를 향한 긴 여정은 한 세대에서 끝나서는 안 된다. 시민 개개인의 역사와 한 도시의 역사는 맞물려 있다. 따라서 보행도시로의 긴 여정은 다음 세대에도 계속되어야 한다.

이 책을 쓰기 시작하면서 오랜 시간 일상에서 무심히 지나치던 거리, 건물, 동네, 사람들이 정겹게 다가왔다. 보행을 통해 회색도시 곳곳에 숨어 있는 녹색의 생명력과 희망을 발견할 때마다 어린

시절 '보물찾기'가 떠오르며 신바람이 났다. 앞으로 나아가는 '보행 도시'는 새롭게 태어날 서울의 키워드임이 틀림없다.

1

/

서울은 왜 보행도시가 되어야 하는가?

건강한 도시로 거듭나다

도시는 거대한 유기체이다. 도시에는 우리 몸속처럼 심장과 혈관이 존재한다. 이 유기체의 심장은 광장이고, 혈관은 도로이다. 고등동물일수록 모세혈관이 발달해 있듯이 선진도시일수록 도로망이 발달한다. 많은 자동차와 사람이 이 도로들을 오간다. 자동차와 사람은 마치 동맥과 정맥 같다. 동맥과 정맥을 지나는 혈액의 양이 일정하듯 자동차와 사람 사이에도 균형이 필요하다. 그래야만 도시가 건강하다. 그런데 시간이 지날수록 이 균형은 깨지고, 자동차가 도시를 차지하게 되었다. 자동차가 도로를 메우자 도시의 혈관이 막히기 시작했고, 도시의 심장박동은 서서히 약해지기 시작했다. 이대로 방치한다면 도시가 서서히 죽어갈 것이 분명하다.

도시의 심장이 다시금 힘차게 뛰려면 자동차도시에서 보행도시로의 변신이 필요하다. 앞으로 서울시는 자동차 의존도를 낮추고, 보행을 권장해야 한다. 현재 보행도시를 향한 서울시의 의지는 강력하며 움직임도 활발하다. 머지않아 다시 자동차가 아닌 사람이 서울시의 주인이 될 것이다.

언제부터인가 '힐링'이 화두로 등장하더니 여기저기 '힐링'이라는 단어가 무성하다. 서울시의 '힐링'은 '보행'이다. 보행은 기계문명 속에서 잃어버린 직립보행하는 인간의 아이덴티티(identity)를 회복하는 것이다. 또한 보행 권리를 선언하는 것은 인간 본연의 권리를 확인하는 것이다.

한 발을 내딛고 또 한 발을 내딛는 이 단순한 동작이야말로 최고의 운동이다. 이 단순한 동작이 사람을 건강하게 만든다. 시민이 건강하면 도시가 건강하다. 한 번에 30분 이상 일주일에 다섯 번만 지속적으로 걸으면 암, 당뇨, 심장질환, 불안 및 우울증의 위험에서 벗어날 수 있다고 한다. 사람의 뼈는 걸을수록 강해진다. 반면에 "신체활동이 부족한 사람들은 심장혈관계 질병은 물론 진성당뇨병과 같은 만성질환 비만, 관절염, 우울증에 걸릴 위험이 크다."[1]

또한 보행은 신체적 건강뿐만 아니라 정신건강에도 큰 영향을 미친다. 사람은 걸을 때 생기가 돌고 격해졌던 감정이 차분해지며,

쌓였던 스트레스가 풀리기 때문이다. 아메리카 웍스(America Walks, 미국의 보행권장 국가지원 커뮤니티)의 스콧 브리커(Scott Bricker)의 말을 빌리면 사람의 두뇌는 걸을 때 매우 활성화된다고 한다.

사람들이 걷는 이유는 다양하다. 그 가운데 건강은 주요 동기 중 하나이다. 온갖 건강식품 광고로 홍수 진 세상이지만 보행이야말로 가장 확실한 건강 비법이다. 서울시는 이제 보행이라는 최고의 건강솔루션을 제공해야 한다. 보행은 인간이 태어날 때부터 가지고 있는 면역력의 원천이기 때문이다. 서울 시민은 미래보행도시의 잠재고객이다. 따라서 병든 도시가 회복되려면 무엇보다 먼저 시민들의 보행이 활발해져야 한다.

'우리 동네'의 회복

보행도시는 '우리 동네'가 되살아나는 도시이다. 삭막한 도시인의 마음의 벽을 허물고 함께 어울리는 평등과 균형의 도시이기도 하다. 서울에는 온갖 벽이 존재한다. 재개발이라는 이름으로 고층 건물들이 들어서면서 정답던 우리 동네가 사라지고 있다. 사실 '우리'라는 단어는 이미 공허해진 지 오래다. '우리'라는 단어에는 소유의 개념보다는 나눔과 공유의 정이 담겨 있다.

아파트 단지가 도시를 장악하면서 우리 동네보다는 '우리 동',

〈사진 1-1〉 도시를 장악하는 아파트

'우리 라인'이 더 친숙하게 되었다. 이제 서울시는 소수를 위한 성장도시 지향을 멈춰야 한다. 대신에 나눔과 정이 되살아나는 '우리 동네', '우리 서울'을 만들어야 한다. 우리 동네라 함은 아파트 단지이건 주택가이건 오가는 사람들의 마음에 따뜻함이 되살아나는 동네이다. 쫓아내는 사람과 쫓겨나는 사람이 '우리'가 되는 동네이다.

대다수 사람이 걷는 것으로 하루를 시작하고, 걷는 것을 멈춤으로 하루를 마감한다. 도시의 보행자는 '도시'라는 책을 읽는 독자와 같다. 그러나 이것은 삶 속에서 여유를 즐길 수 있을 때의 이야기

〈사진 1-2〉 산동네 담 밑에서 자라는 푸른 잡초,
그리고 그 생명력을 공유하는 아이들

〈사진 1-3〉 콘크리트보다 강한 잡초

이다. 많은 사람이 '보행'이라는 단어와 친하지 않다. 심지어 자신이 '보행자'라는 사실조차 잊고 생활한다.

걷는다는 것은 단순히 한 장소에서 다른 장소로 이동하는 것만을 의미하지 않는다. 보행이야말로 눈으로 보고, 귀로 듣는 인생 여정의 한 부분이다. 회색 콘크리트 건물 사이사이 후미진 곳이나 보도블록 틈새에서 고개를 비집고 나오는 잡초, 비가 갠 후 아파트 보도블록 위를 꿈틀거리며 지나가는 왕 지렁이, 공공화단 나뭇잎 뒤에 매달린 달팽이, 이것들 모두가 도시인의 마음을 감동하게 해준다. 그리고 무언의 감탄사를 연발하며 아직은 곳곳에 존재하는 도시의 생명력을 상기시킨다. 따라서 보행은 편견을 거부한다. 보행 자체가 겸손이며 열린 마음이다. 사람의 마음이 낮아지면 낮아질수록 자연은 크게 보인다. 즉, 자연을 존중하게 되면 자연환경에 서식하는 동물과 식물을 훼손하지 않는다. '나'보다는 '우리'가 함께 자연의 아름다움을 즐길 권리가 있기 때문이다.

아름다운 도시 만들기

무채색의 회색도시에 알록달록 색을 칠해보자. 무수히 반복된 덧칠로 질식하는 녹색을 되살리자. 이것이 바로 아름다운 도시를 만드는 첫걸음이다. 두 가지 예를 소개하겠다.

도시 텃밭 가꾸기와 그래비티 운동

몇 년 전부터 뉴욕 시는 '그린 빌딩' 만들기 사업을 활발하게 펼쳤다. 아울러 옥상에 정원을 만들고, 곳곳에 식물을 심었다. 인위적인 방법으로 자연을 재현해보려는 노력인 셈이다. 보도블록 사이사이 비집고 나오는 잡초를 재현하기 위해 공사 초기에 아예 블록에 틈을 만들어 풀을 심었다. 또 동네마다 주민들이 주축이 되어 자투리땅이나 유휴지에 텃밭을 만들었다. 이 텃밭 만들기는 유기

농 사업으로 이어져 갈수록 활기를 띠더니 급기야 도시농업혁명으로 발전했다. 물론 뉴욕 시의 도시농업은 쿠바의 도시농업과는 본질적으로 다르다(쿠바의 도시농업은 미국의 경제봉쇄정책에 대한 자구책이었다).

자동차의 식량이라고 할 수 있는 석유는 머지않아 동이 날 테고, 지구온난화로 인한 자연재해는 더욱더 심해질 것이다. 따라서 긴 안목에서 볼 때 도시텃밭은 보행도시 환경에 일익을 담당할 수 있을 뿐 아니라 식량 공급의 의미도 지닌다. 그러나 도심의 땅은 금싸라기이다. 아무리 작은 자투리땅이라고 할지라도 거기에 무엇을 심고 가꾼다는 것은 시대착오요 사치일 수 있다. 그러면 무가지, 여러 가지 안내지를 꽂아놓는 박스를 활용하면 어떨까? 이런 설치물들은 비가 오면 물이 고여 벌레가 꼬이기 쉽다. 철제품인 경우에는 녹이 슬어 보기 흉하고, 누군가 몰래 재떨이로 사용할 때면 화재에 위험도 있다. 그렇다고 깡그리 철거를 하자니 비용과 인력이 만만치 않다. 그러나 지혜를 모으면 해결책이 나타나기 마련이다. 근사하게 미니 텃밭, 혹은 화분으로 박스들을 변신시켜보자. 흉물스럽게 남아 있던 박스가 생명이 자라나는 공간이 될 것이다. 도시 텃밭 가꾸기는 시 정부가 주도하는 것보다 동네별로 주민들 스스로가 참여하면 아름다운 보행도시를 향한 걸음이 한결 빨라질 것이다.

〈사진 1-4〉 외국의 정보지함

도시의 벽을 야외 전시장으로도 바꿀 수 있다. 갤러리 안의 예술작품보다 더 역동적인 벽화가 도시를 아름답게 바꾼다. 벽화는 일방적 작품이 아니라 쌍방형 작품이다. 유명한 그래비티 아티스티인 장 미셸 바스키아(Jean Michel Basquiat)나 키스 해링(Keith Haring)이 그리지 않더라도 도시의 벽을 소통 창구로 바꿀 수 있다. 현대 도시벽화는 여러 가지 스타일로 그려진다. 한 사람이 그리는 경우도 있지만 여럿이 함께 그리기도 한다. 실제로 1960년대에 미국을 중심으로 펼쳐진 '그래피티(벽에 낙서를 하거나 긁거나 스프레이 페인트를 이용해 그리는 그림) 운동'은 아름다운 도시 만들기를 뛰어넘어 아름다운 시민을 외치는 대자보 역할을 하기도 했다.

회색도시의 벽에 그려진 재치 만점의 그림은 보행자들의 입가에 웃음이 번지게 하고, 때로는 삶에 지쳐 무감각해진 시민의식에 자극제가 되기도 한다. 어쨌든 도시벽화는 수준 높은 예술성으로 보행도시의 미학을 시각화시킬 수 있다. 우리나라에서도 지자체별로 지역 작가들이 모여 벽화 그리기 운동을 시작한 지 수년이 지났다. 사람들에게 많이 알려진 이화동 벽화마을이나 통영 동피랑의 그림 솜씨에 비하면 유치해 보이는 면도 있고 전문성도 떨어지지만 서울 후미진 곳에서도 주민들의 협조하에 벽화를 그렸다는 것 자체가 의미 있다고 생각한다.

필자가 전에 살던 경기도 군포시 대야미동 인근 초등학교에서는 2009년 아이들이 직접 벽화를 그리는 작업을 시도했다. 크게 호응을 얻지는 못했지만 어둡던 굴다리 밑이 아이들의 알록달록한 그림으로 밝아진 것이다. 한편, 그 유명한 통영 동피랑 마을은 수년 전부터 언론에 오르내리면서 유명 관광지가 되어버렸다. 이곳 벽화 그리기에 참여한 사람들은 대부분 기성 작가이거나 미대생들이다. 관광객들은 모두 신기한 듯 벽화를 구경하면서 사진을 찍느라 분주하던 모습이 기억난다. 그러나 그 모습보다 생생하게 인상에 남는 것이 아직도 어느 할머니의 넋두리이다. 벽화를 보러 사람들이 모여드는 통에 정신이 하나도 없다는 것이다. 담장과 대문의 경계도 없어지고 불쑥불쑥 드나드는 사람들이 무섭다고 말이다.

인위적인 것과 자연발생적인 것, 목적성과 비목적성, 프로페셔널과 아마추어가 균형 있게 조화를 이룬다면 비단 벽화뿐만 아니

〈사진 1-5〉 마산시장 골목을 환하게 만든 벽화

라 도시환경도 훨씬 자연스럽게 진화할 것이다.

그러나 아직은 넘어야 할 장벽이 많다. 낙서와 벽화의 경계가 워낙 모호해서 세계의 여러 대도시와 학교는 물론 우리나라 지자체와 아파트에서까지 원치 않는 벽화와의 전쟁이 벌어지기도 한다. 낙서라고 생각되는 것을 또 다른 벽화가 지워버리는 해프닝도 간간이 일어난다. 벽화를 벽화로 지우는 셈이다.

사람마다 관점이 다르므로 지자체마다 열린 공간을 시민에게 제공하는 것도 도움이 될 듯하다. 간단한 신고를 하면 일정 기간 벽화를 마음대로 그릴 수 있고, 그것이 맘에 안 들 때에는 또 다른 사람이 그릴 수 있도록 말이다. 아니면 경연의 장으로 이용할 수도 있다. 이 역시 동 단위, 학교 단위로 주민과 학생들의 의견을 수렴하면 좋을 듯하다. 재래시장 육성의 한 방법으로 작가들에게 시차원에서 벽화를 의뢰한 사례도 있다. 2008년 9월 경남 마산시에서 진행한 〈공공미술프로젝트〉가 바로 그것이다.

2

/

보행도시는 공존하는 도시

공간공유

언제부터인가 사람들이 걷는 횟수가 줄어들게 되었다. 그 이유는 무엇일까? 좀 더 편리하고 빠른 이동수단인 자동차가 등장했기 때문이다. 자동차를 이용하는 사람들이 늘어나면서 생활 전반에서 속도가 빨라졌다. 걷는 것보다 타는 것에 시간이 적게 들면 그만큼 시간의 여유가 생겨야 정상인데, 결과는 정반대가 되어버렸다. 삶은 더욱더 분주해졌고, 사람들은 여유를 잃어갔다. 그러다 보니 운전자들과 보행자 사이의 균형이 깨져버렸다.

이 균형이 깨지면 교통사고라는 이름의 엄청난 비극이 줄을 잇는다. 도로교통공단 집계에 따르면 서울시에서 발생한 교통사고

〈사진 2-1〉 새로 단장한 브라이튼 거리 풍경

주: 공간공유를 잘 반영한 거리이다. 자동차와 자전거, 보행자가 자연스럽게 같은 공간을 사용하고 있다. 기존의 도로표시, 신호등이 없다는 것을 주목해보자.
자료: © DeFacto(Wikimedia Commons).

2012년 기준으로 약 4만 건에 달한다. 그 가운데 사망자 수는 424명으로 하루 평균 한 사람 이상이 교통사고로 목숨을 잃는 셈이다. 또 보행자 교통사고는 얼마나 될까? 서울시에서 발생한 보행 중 교통사고 사망자는 연간 230여 명 정도이다. 이것은 전체 교통사고 사망자 중 약 53%에 달한다. 전체 사고 4만여 건 중에서 보행자 사고가 1/4인 데 비해서 사망사고는 훨씬 더 비율이 높다.

환경운동가 앤드루 킴브렐(Andrew Kimbrell)이 말하기를 9,000만 명 이상이 교통사고로 장애인이 되고, 250만 명 이상이 고속도로에서 목숨을 잃는다고 한다. 제1차 세계대전, 제2차 세계대전, 한국전쟁, 베트남전쟁을 통틀어서 64만 명 이상의 미국인이 죽었다. 그런데 교통사고로 죽은 사람 수는 이 수치의 4배가 넘는다.

보행자와 자동차가 모두 행복하게 도로를 공유한다는 것은 도로의 주도권을 놓고 겨루는 파워게임을 멈추는 것이다. 교통사고가 발생했을 때 보행자는 차를 탓하고, 자동차 운전자는 보행자를 탓한다. 그러나 대체로 책임은 서로 반반일 때가 많다. 다만 자동차와 사람이 부딪혔을 경우 자동차 앞에 사람은 무력하기 그지없을 뿐이다. 그래서 현재 세계의 여러 도시는 자동차와 보행자 사이의 분쟁을 종식시키는 것은 물론 서로 도로를 행복하게 공유하기 위해 차세대 트래픽 솔루션을 개발하고 있다.

원래 자동차와 보행자, 아니 운전자와 보행자는 적대관계가 아니었다. 운전자는 보행자가 될 수 있고, 보행자 역시 운전자가 될 수 있다. 다만 자동차를 위한 시스템과 시설이 사람들 사이에 끼어들었을 뿐이다. 운전자와 보행자는 얼마든지 조화롭게 공존할 수 있다. 그 실례를 보여주는 도시가 바로 런던이다. 보행자와 운전자가 자연스럽게 섞이면서도 안전하게 공간을 공유한다. 공간공유를 위해 차도와 인도의 높이를 같게 함으로써 보행자들은 본능적으로 차를 피해 걷는 습관이 배었고, 운전자들은 도로를 공유하면서 보행자와 공존하는 법을 익혔다.

영국의 도시 설계사 벤 해밀턴 베일리(Ben Hamilton-Baillie)는 사람은 두 발로 걷건, 자동차를 타건, 자전거를 타건 본능적으로 안전하게 움직이는 능력이 있으며, 이러한 본능은 규격화된 교통신호보다 더 안전할 때가 있다고 한다. 그는 이러한 생각에서 공간공유, 즉 자동차와 보행자가 함께 이동하는 도로를 설계했다. 그는 "운전자들은 어린이 주의 표지판보다 실제로 도로에 어린이가 있을 때 더욱 주의를 기울인다. 사실 운전자들은 표지판에 크게 신경을 쓰지 않는다. …… 연구에 의하면 운전자들은 실제로 교통 표지판의 70% 이상을 무시하는 것으로 나타났다. 그러나 도로나 그 주위에 사람이 있는 경우 운전자들은 더욱 주의를 기울인다"라고 말했다.[1]

성경에는 어린 양과 사자가 함께 뛰논다는 구절이 있다. 과연 자동차와 보행자도 같은 도로를 공유하면서 안전하게 이동할 수 있을까? 지금 유럽의 대도시들은 이러한 도시 만들기가 가능하다는 생각으로 보행도시의 비전을 제시하고 있다. 영국의 'Visions 2030'이 좋은 예이다. 지난 60년 동안 영국의 보행자와 자전거 이용자 수는 크게 감소했다. Visions 2030은 사람들이 걷는 것과 자전거 사용을 꺼리는 이유를 분석했다. 구체적인 장애요소를 파악해 그에 걸맞은 행정정책을 구상하고 시행하기 위해서이다. 2030년까지 도시환경을 개선해 보행자와 자전거 이용자 수를 늘리겠다는 점에서는 '서울 2030'과 일부 유사한 면이 있다. 서두르지 않고 장기프로젝트를 비전으로 제시한 이유는 시민들의 자발적인 참여를 서서히 이끌어내기 위해서이다.

서울의 교통비전 2030
-시민들에게 하는 11대 약속[2]

1. 보행자를 우선 배려하는 교통환경을 만들겠습니다.
2. 자전거가 중심인 생활환경을 만들겠습니다.
3. 교통사망사고를 줄여 교통안전특별시를 만들겠습니다.
4. 교통약자와 일반인의 경계가 없는 무장애 교통환경을 만들겠습니다.
5. 철도 중심의 효율적 대중교통체계를 구축하겠습니다.
6. 더 빠르고 편리한 대중교통을 만들겠습니다,
7. 나눔을 실천하는 공유교통시대를 열겠습니다.
8. 불필요한 이동을 줄여 이동저감 사회를 만들겠습니다.
9. 교통수단과 시설의 친환경성을 강화하겠습니다.
10. 막힘없고 단절 없는 도로환경을 만들겠습니다.
11. 시민과 함께하는 교통문화 선진도시를 만들겠습니다.

위의 11대 약속에는 서울시가 추구하는 미래상이 상세히 담겨 있다. 서울시는 보행자 우선의 교통환경 조성을 위해 서울 시내 보도면적을 2배로 늘리고, 보행전용 공간을 조성하고 확대하기로 했다. '사람', '공유', '환경'이라는 세 가지 키워드로 사람이 중심이 되고, 함께 이용하고, 환경을 배려하는 비전을 제시한 것이다.

대다수 시민이 일단 집을 나서서 학교, 직장, 상점, 기타 장소로 이동할 때 늘 지나던 길을 이용한다. 반복해 다니면서 익숙해진 길은 눈 감고도 찾을 수 있다. 그런데 간혹 공사 중이거나 사고가 발생했을 경우 우회하거나 다른 길을 찾아야 한다. 따라서 새로운 길을 만든다면 기존 길과의 연계성을 고려해야 한다. 그렇다고 자동차를 완전히 배제해서는 안 된다. 자동차와 보행자의 요구를 정확히 파악해 둘 사이의 공집합을 찾아야 한다. 그런데 만일 이 둘의 관계가 이해관계로 바뀌어 둘 중 하나가 양보해야 할 경우 정책수립자는 어떤 자세를 취해야 할까? 지금까지는 시의 효율성과 경제성이라는 명분하에 자동차 중심의 정책을 펼쳐왔다. 그렇다면 시가 추구하는 보행도시는 무조건 자동차의 양보를 강요해야 하는가? 그렇지 않다. 시간과 공간이 제한된 상황에서는 보행자와 자동차의 비율을 반영해야 한다.

이를 위해 서울시는 모든 도시 계획을 자동차 중심에서 보행자 중심으로 바꿔야 한다. 사실 자동차의 수를 줄이는 것보다 사람들을 걷게 하는 것이 더 힘들다. 자동차의 수는 '요일별 차량운행제' 등을 통해 조절할 수 있다. 그러나 사람들을 걷게 하려면 어떻게 해야 할까? 먼저 걷고 싶게 만들어야 한다.

요람에서 무덤까지

노인에게 보행은 건강에 도움이 될 뿐만 아니라 지역사회의 한 구성원으로서 존재감을 느끼고 삶의 활력을 얻는 데에도 도움이 된다. 외톨이가 아니라 사회적 네트워크의 한 자리를 차지하고 있다는 자부심을 느끼기 때문이다.

또한 젊은이들은 활력이 넘치는 노인들에게 친근감을 보이면서 자신들의 미래 모습을 긍정적으로 그릴 수 있다. 노인은 필요한 물건을 사기 위해 쇼핑몰까지 걸어가는 도중에 여러 번 쉬기도 하겠지만 서울시는 느림과 빠름이 공존하는 도시가 되어야 한다. 곧 젊은이와 노인이 서로 부담스러워하는 관계가 아니라 함께 맞물려 돌아가는 아날로그시계의 톱니바퀴처럼 어우러져야 한다는 말이다.

노인을 위한 보행환경은 잠재적 인프라이다. 스웨덴 의회에서는 지난 2000년 장애인을 위한 "From patient to citizen" 미래정책을 채택했다. 그 목표 가운데 하나가 장애가 있는 모든 연령의 사람들이 활동 가능한 공공환경을 만드는 것이었다. 2010년까지 건물이나 도로의 모든 장애물을 없애는 정책을 실행해왔다.

주목할 만한 사실은 기능, 장애, 건강과 같은 단어는 질병 및 상해와 관련된 단어일 뿐만 아니라 노화 과정, 즉 나이가 들어가는 사람에게도 직접적으로 적용되는 것이라고 본 것이다. 장애가 있는 사람이나 노인이나 모두 안전한 보행을 위한 환경이 필요하다.

멀쩡한 도로가 하루아침에 다니지 못하게 되는 경우를 생각해보자. 눈이 많이 온다든가 홍수로 인해 도로의 기능을 제대로 수행하지 못하는 것이다. 사람은 나이와 관계없이 예기치 못한 사고를 당할 수 있기 때문에 모두가 잠재적 장애인이 될 수 있다. 장애라는 요인을 한 개인의 문제로만 바라보지 않는다면 활동과 기능상에서의 비장애인과의 괴리는 사회적·물리적 환경개선을 통해 얼마든지 좁힐 수 있다.

인생에도 사계절이 있듯이 길에도 사계절이 있다. 그런데 최근 들어 기상이변과 더불어 사계절의 경계가 모호해지다 보니 일기예보만 믿고서는 바깥 날씨를 가늠할 수 없을 때가 많다. 바깥 날씨는 곧 보행자의 안전과도 직결된다. 특히 노인들의 경우 길이 얼거나 눈이 많이 쌓이면 밖으로 나가는 것이 두려울 수밖에 없다. 대체로 날씨는 보행자들의 기분을 크게 좌우한다. 눈이 올 때와 비가 올 때, 또 하늘이 맑을 때와 흐릴 때, 바람이 불 때와 안 불 때 보행자들의 기분이 달라진다. 사람마다 차이가 있겠으나 보편적으로

기온이 섭씨 16~22°일 때 보행자의 기분이 제일 좋다고 한다. 바람도 기분을 좌우하는 한 요인이다. 세찬 바람은 보행을 방해하겠지만 산들바람은 보행자의 마음을 들뜨게 한다. 눈이나 비를 선호하는 보행자도 많지만 대다수가 맑고 쾌청한 날씨를 좋아한다.

날씨 못지않게 보행에 영향을 미치는 것은 자동차 문화이다. 힘이 약한 노인들이 이동할 때 자동차는 효율적인 이동수단이다. 그러나 노인들에게 자동차를 탄다는 것은 다른 한편으로는 노인을 그 안에 가둔다는 의미가 있다. 걸어가는 노인이 교통안전에 방해가 된다는 이유로 가급적 자동차 이용을 권하는데 사실은 노인들을 바깥문화로부터 격리시키고 고립시키는 것이다. 반면에 보행은 지역사회 노인들과의 대화와 교류를 증진시킨다.

존 라이언(John C. Ryan)의 『지구를 살리는 7가지 불가사의한 물건들』에는 자전거가 포함되어 있다. 유럽의 많은 도시에서는 어딘가로 이동하기 위해서 걷거나 자전거를 타는 경우가 반 이상이다. 보행도시에서 자전거는 시민들의 좋은 친구이다. 그러나 도심에서 자전거 타기는 젊은이들도 위험천만일 때가 많다. 하지만 학교운동장이나 한적한 공터에서는 노인들도 얼마든지 자전거를 즐길 수 있다. 자전거를 타고 공간을 가르는 것은 노인에게 생기를 불어넣을 것이다. 아이들 자전거처럼 아예 노인용 네발자전거를 대여하는 것도 좋을 듯하다. 나이가 들어서도 자유롭게 움직일 수 있다

〈사진 2-2〉 자전거 타는 할머니

는 것은 곧 독립성을 강화시키고, 정신적 · 심리적 자신감은 물론 삶의 질을 높이는 것이다. 노년기의 적절한 운동은 심장병이나 당뇨병과 같은 만성질환 발병을 늦추거나 감소시킨다.

보행도시의 안전성은 교통안전 문제에만 국한되는 것이 아니다. 어린이와 노인이 언제나 안전하게 걸을 수 있는 도시가 보행도시이다. 지금까지 교통안전정책이 보행환경 조성의 골격을 이루었다. 이제는 균형과 공존의 정책이 필요하다. 그러기 위해서는 성별과 연령의 장벽부터 무너져야 한다. 특히 날로 늘어가는 고령인구를 간과해서는 안 된다. 선진화와 더불어 고령인구가 급증하고 있기 때문이다. 젊을 때에는 목적지만 정하면 마음대로 갈 수 있다. 그러나 나이가 들면 자신이 움직일 수 있는 능력과 환경에 맞추어 목적지를 정한다. 따라서 노인들이 가고 싶은 곳, 가야 하는 장소까지의 보행환경부터 개선해야 한다.

대다수의 선진국에서 노인 인구(65세 이상을 기준으로 함)는 빠른 속도로 늘고 있다. 2030년쯤이면 네 사람 가운데 한 사람은 65세 이상이 될 것이다(OECD, 2001).[3] 따라서 노인들의 안전과 평생 거동(lifelong mobility)이 가능한 여건을 만드는 것은 우리 사회의 큰 과제이다. 사람의 겉모습은 세월에 따라 날로 늙고 쇠퇴하지만 속사람은 날로 새로워진다. 나이가 들어서도 거동할 수 있는 노인들은 독립성, 자유, 생의 활기를 누릴 수 있다. 또한 노인들은 각자 그 나이를 인정하고 끌어안고서 얼마든지 의미 있는 일을 하며 의미 있는 삶을 살 수 있다. 커뮤니티를 통해 화분에 꽃을 심고, 텃밭을 일구고, 가도에 설치된 화단에 물을 줄 수도 있다. 건강보조식품이나 안티에이징 상품보다 중요한 것은 노인을 위한 보행환경 개선이다.

3

/

보행도시는 안전한 도시

보행이 두려운 이유

보행은 사람의 몸과 마음은 물론 자연환경도 살린다. 그러나 사람들이 걷고 싶어도 걸을 수 없는 가장 큰 이유는 위험하기 때문이다. 안전을 위협하는 주범은 자동차이다. 예컨대 골목길, 아파트 단지 내 도로, 심지어 통학로까지 시도 때도 없이 자동차가 들이닥친다. 개인주택의 대문 앞도 안전하지 않다. 서울시 어느 곳에서도 자동차가 없는 길은 찾아보기 힘들다. 따라서 보행도시 전략은 자동차 문제를 해결하는 데에서 시작된다. 보행도시를 만든다는 것은 보행을 위협하는 요인을 찾아 문제를 해결해 보행환경을 개선하는 것이다.

아메리카 웍스는 사람들이 왜 걷는 것을 꺼리는지 설문조사를 실시했다. 사람들이 걷기 싫어하는 가장 큰 이유는 보행의 안전이 보장되지 않기 때문이라고 한다. 그래서 보행자는 스스로 자신을 보호하기 위해 일단 보행을 자제한다는 것이다. 그렇다면 보행자의 안전을 위협하는 가장 큰 요인은 무엇일까? 설문조사 결과에 나타난 그 답을 살펴보면 다음과 같다. 길을 걷다가 사고라도 나면 다치거나 죽을지 모른다는 두려움이다. 1980년대에 5.6%였던 미국의 평균 보행자 비율이 2005년에 이르러 2.5%로 줄어들었다. 반면에 보행자 사고는 1980년 4,881명에서 8,070명으로 늘어났다.[1]

자동차는 소음을 발생시키는 것은 물론 대기를 오염시키고, 보행자 사고를 유발해 보행자에게 직접적인 위협이 된다. 특히 보행자 사고는 직접적으로 보행자의 건강과 생명에 해를 입힌다.

20세기 후반부터 세계의 대도시는 보행자보다 자동차 위주로 설계되었고, 엄청난 액수의 예산이 투입되었다. 시 정부는 교통정체를 막기 위해 길을 넓히고, 고속도로를 늘리는 데 몰입했다. 그 결과 보행로는 점차 줄어들고, 좁아졌으며, 지역에 따라서는 차도만 있을 뿐 인도가 아예 없는 곳도 있다.

서울시에는 얼마나 많은 자동차가 있을까? 안전행정부 자료에 따르면 2013년 6월 말 기준 우리나라 전국 자동차 누적 등록대수는 1,916만 337대이다. 자동차 1대당 2.66명인 셈이다. 올해 말 예

〈표 3-1〉 연도별 자동차 등록 추이

연도	2004	2005	2006	2007	2008	2009	2010	2011	2012	2013 (6월 말)
대수 (만 대)	1,493	1,540	1,590	1,643	1,679	1,733	1,794	1,844	1,887	1,916
증가 (천 대)	347	463	499	533	366	531	616	496	434	389
증가율 (%)	2.4	3.1	3.2	3.4	2.2	3.2	3.6	2.8	2.3	1.5

자료: 안전행정부 2013년 6월 자료

상 수치는 1,943만 7,000대라고 한다. 또한 서울시가 발표한 '2013 서울 통계연보'(2012년 기준)에 따르면 서울시 자동차 등록대수는 285만 6,857대이다(서울특별시, 2013). 전국 차량의 15% 이상이 서울에 몰려 있는 셈이다. 그러나 전년도인 2011년에 비해 0.3%가 감소했다는 것은 고무적이다.

자동차와 보행자 사이에는 서로 약속된 교통법규와 신호체계가 있다. 그러나 아무리 정교하게 만든 교통안전 시스템이라고 할지라도 도로상에서 강자는 자동차이고, 보행자는 약자이다. 자동차나 사람이나 모두 교통법규를 잘 지키더라도 서로 충돌이 일어나면 부서지는 쪽은 보행자이다. 비유하건대 자동차는 갑옷을 착용한 보행자이기 때문이다. 특히 노인이나 어린이, 또는 휠체어나 보조기구를 사용하는 장애인일 경우 더 큰 위협을 느낀다.

따라서 보행을 위협하는 가장 큰 요인은 교통사고이다. 길을 걷다가 차에 치여 생명을 잃을 수 있다는 것은 보행자에게 잠재된 가장 큰 두려움이다. 집을 나서는 자녀에게 '차 조심해라'라는 말을 하지 않아도 된다면 보행도시에 상당히 접근했다고 볼 수 있다.

보행을 가로막는 또 다른 요인은 공기가 맑지 않다는 것이다. 서울 나들이를 한번 다녀오면 반드시 머리를 감아야 한다는 말이 오래전부터 오갔다. 또 서울 다녀와서 콧구멍을 휴지로 닦으면 검댕이가 묻어나온다는 말도 있다. 대기환경은 보행환경과 직결된다. 대기환경은 물리적 환경보다 더 직접적으로 보행자의 건강에 영향을 미친다.

보행환경을 개선한다는 것은 곧 맑은 공기를 만들고, 교통소음과 교통사고를 줄이는 것이다. '서울특별시 대기환경정보'에서는 PM-10(미세먼지), O_3(오존), NO_2(이산화질소), CO(일산화탄소), SO_2(아황산가스)라는 다섯 가지 대기오염물질을 측정해 통합대기환경지수를 산정하고 있다.

서울시 기준에 따르면 1시간, 8시간, 24시간의 평균치는 연간 3회 이상 정해진 기준을 초과해서는 안 된다. 참고로 미세먼지는 입자의 크기가 10㎛ 이하인 먼지를 말한다. 「환경정책기본법」 시행령 제2조에 따라 초미세먼지 환경기준(국가 및 서울시 기준)은 2015년부터 적용한다고 한다.

게다가 최근에는 중국으로부터 독성 스모그가 몰려오고 있다.

〈표 3-2〉 서울시 대기환경 기준표(서울시 기후환경본부)

항목	단위	구분	국가 기준	서울시 기준
미세먼지(PM-10)	$\mu g/m^3$	연간 평균치	50	50
		24시간 평균치	100	100
초미세먼지(PM-2.5)	$\mu g/m^3$	연간 평균치	25	25
		24시간 평균치	50	50
오존(O_3)	ppm	8시간 평균치	0.06	0.06
		1시간 평균치	0.1	0.1
이산화질소(NO_2)	ppm	연간 평균치	0.03	0.03
		24시간 평균치	0.06	0.06
		1시간 평균치	0.1	0.1
일산화탄소(CO)	ppm	8시간 평균치	9	9
		1시간 평균치	25	25
아황산가스(SO_2)	ppm	연간 평균치	0.02	0.01
		24시간 평균치	0.05	0.04
		1시간 평균치	0.15	0.12

자료: 서울시 홈페이지(http://cleanair.seoul.go.kr/inform.htm?method=standards).

산업혁명 직후 영국을 괴롭혔던 스모그와는 비교도 안 될 정도로 고약하다. 기존의 미세먼지에 스모그가 합세하니 보행은커녕 창문도 열기 힘든 상황이 되어버린 것이다. 모든 언론매체에서는 미세먼지의 염증 유발 메커니즘을 논하고, 각종 질병을 이야기하면서 시민들의 공포를 점차 가중시켰다. 현 상황에서는 물을 많이 마시라느니, 마스크를 착용하라느니, 특정 차를 마시라느니 하는 것

외에는 뾰족한 해결책이 나오지 않고 있다. 서둘러 피해를 최소화시킬 장치는 마련해야 할 것이다.

서울시는 전용 대기환경정보 사이트는 물론 기타 매체를 통해 실시간으로 미세먼지 및 대기오염도를 시민들에게 알릴 계획이다. 이를 위해 정확한 측정을 위한 기술력을 개발해야 할 것이다.

보행안전을 위한 조건

보행안전을 위해서는 여덟 가지의 조건이 요구된다. 첫째, 차량 속도의 제한이다. 서울시가 안전한 보행도시가 되기 위해서는 일단 차량 속도를 제한해야 한다. 빠른 속도로 운전하는 차는 보행자의 신체적 안전뿐만 아니라 정신적 안정도 위협한다. 정신적으로 불안하면 걷는 것을 두려워하게 된다.

둘째, 횡단보도의 재점검이다. 횡단보도와 관련된 국내외 연구 사례는 비교적 풍성한 편이다. 서울시에는 이미 외국 주요 도시의 벤치마킹을 통해 다양한 시스템을 도입했다. 사실 횡단보도만을 주제로 하더라도 제기되어야 하는 문제가 많다. 먼저 횡단보도의 길이를 점검해야 한다. 횡단보도 길이가 기준치 또는 평균치보다 훨씬 길다면 둘로 나누거나 커브를 확장하는 방법을 통해 최종 횡단 거리를 최소화시킨다. 횡단보도에 대한 총체적 점검이 쉬운 일은 아니겠지만 건너뛸 수 없는 과정이다. 과거 서울시는 물론 전국 곳곳에서 연례행사처럼 여기저기서 치러지던 보도블록 교체공사에 투입되었던 열정과 예산이라면 횡단보도 안전 재점검 및 보완은 충분히 가능하리라 생각한다.

셋째, 교통안전 프로그램의 개발이다. 어린이, 노인, 장애인을 위한 보행 및 교통안전 교육 프로그램이 개발되어야 한다. 물론 오래전부터 진행되는 교통안전 교육 활동이 있으나 지금은 피드백이 필요한 시기이다. 단순한 교통안선에 그치는 것이 아니라 미래지향적인 보행도시에 대한 교육이 필요하다. 특히 어린이들에게는 보행도시라는 말이 어렵고 낯설 것이다. 그러나 서울시에서 새로이 추진하고 있는 보행정책들은 향후 10~20년을 내다보고 있기 때문에 미래의 주역들을 교육시키는 것은 매우 중요하다. 이미 각 학교에서 진행 중인 환경에 대한 교육 프로그램과 보행을 접목시키면 훨씬 효율적일 것이다. 어린이와 노인은 한 해의 시작과 끝과 같다. 그래서 12월 다음엔 1월이 이어지듯 서로의 시간적 괴리는 아주 멀지만 가장 가까운 사이라고 할 수 있다.

넷째, 보행로의 밝기 점검이다. 너무 어두워서도 너무 밝아서도 안 된다. 전문가의 도움으로 최적의 조명을 설계한다면 범죄율도 줄일 수 있을 뿐 아니라 보행자가 안심하고 걸을 수 있다. 보행로 주변 건물과의 역학관계를 고려해 전문가가 조명설계를 한다면 금

상첨화이다. 야간 보행자를 위해 횡단보도의 조명시설을 강화해야 한다. 예를 들어 노면표시의 반사성능 기준을 높일 필요가 있다. 현재 우리나라 도로의 노면표시 반사성능 기준은 미국의 절반에도 못 미친다고 한다(2011년 기준). 이로 인해 밤이나 비가 오는 날에 사고 빈도가 높아진다.

다섯째, 보행로의 개선이다. 비좁은 보행로는 넓히고, 좁지는 않은데 여러 가지 장애물이 자리를 차지하고 있는 곳을 단속해야 한다. 자전거, 쓰레기통, 심지어 버스승차 안내대, 광고물 등이 보도를 점유하고 있어 보행자의 안전에 위험하다. 특히 휠체어나 보조기구를 사용하는 장애인에게 큰 불편을 준다.

여섯째, 기타 이동수단의 진입과 속도의 제한이다. 보행자 우선도로나 보행자전용도로에 자전거나 롤러스케이트, 또는 모터 자전거나 모터 휠체어 등의 진입이 허용되는 곳이 있다. 이러한 이동수단을 이용하는 보행자는 자동차 못지않게 순수보행자들의 안전에 위협이 된다. 따라서 순수보행자의 안전을 위해서 이들 이동수단의 속도를 제한해야 한다.

일곱째, 장애인에 대한 배려이다. 시각장애인을 포함해 기타 이동에 불편을 겪는 보행자들을 배려하기 위한 별도의 보행전용 구역이나 시설물이 있다면 훨씬 더 안전할 것이다.

여덟째, 기후변화에 대한 주시이다. 겨울철 눈이 많이 쌓여 도로

위의 줄무늬 횡단보도 표시가 안 보이거나 눈 더미가 보행에 장애가 되지 않아야 한다. 지금까지 축적된 데이터가 무실할 정도로 예측 불가능한 심각한 기후변화가 심화될 것이다. 2013년의 경우만 보더라도 지구촌 곳곳에서는 때아닌 눈으로 많은 사상자가 발생했다. 일기예보가 들어맞지 않다 보니 폭설에 대한 대응이 더뎌지거나 아예 손을 쓸 수 없을 정도이다. 서울시나 시민들이나 모두 기후변화에 대한 인식과 대응이 필요하다. 겨울철은 보행환경 관리에 각별한 주의가 요구된다. 눈이 쌓이거나 얼어버린 길은 노인뿐 아니라 모든 사람이 미끄러지기 쉬운 위험한 길이다. 사람만 위험한 것이 아니라 자동차도 위험하다.

안전한 보행도시로 거듭나기 위해 먼저 현 보행네트워크에 대한 종합적인 조사를 실시해서 그 실태를 파악할 필요가 있다. 즉, 조사를 통해 보행자 흐름을 파악하고, 보행공간의 장애 요소, 보도상 차량출입시설, 도로와 보도블록의 상태를 면밀히 조사해야 한다. 아울러 도로변의 시설이나 건물, 이를테면 버스정류소나 가판대가 보행자에게 어떠한 영향을 미치는지 살핀다.

안전한 보행환경 조성을 위해서는 먼저 서울시의 보행환경 실태를 파악해야 한다. 그리고 이전의 평가와의 비교 분석을 거쳐 미래 계획을 수립해야 한다. 보행도시환경의 점수 산출 기준을 만들어 그 변화 추이를 살피면서 계획을 보완 · 수정하는 것도 효율적

♣ 안전하고 즐거운 보행을 위한 팁

동네를 거닐 때, 슈퍼마켓을 갈 때, 주차장에서 빠져나올 때, 이왕이면 좀 더 즐겁고 안전하게 걸을 수 있다.

- 발에 맞는 편안한 신발을 신으면 미끄러지지 않을 것이다.
- 가급적 밝은색의 옷을 입으면 자동차 운전자 눈에 잘 띌 것이다.
- 가급적 인도로 걷고 차도에 바짝 붙어 걷지 말라.
- 인도가 따로 없는 곳이면 자동차와 마주하는 방향으로 걸어라.
- 생수와 신분증 또는 운전면허증, 휴대전화를 소지하라.
- 차가 어느 방향으로 움직일지 파악하라.
- 차 앞을 지날 때에는 운전자와 눈을 마주치라(운전자가 당신을 보고 멈출 태세를 하고 있는지 확인하라).

일 것이다.

사실 과거에는 보행자 위험지수니, 안전 환경이니 하는 말들이 낯설었다. 세계의 몇몇 대도시들이 차량보다는 보행자 우선의 도시를 지향하면서 여러 가지 연구와 더불어 데이터가 산출되었다. 서울시도 그 대열에 합세했다. 그러나 아직 시작 단계이기 때문에 통계 자료나 연구 자료가 풍성하지는 않다. 게다가 대다수 시민들이 보행도시의 중요성을 충분히 실감하지 못하고 있다. 따라서 앞으로 갈 길이 멀다. 예컨대 지금까지 자동차 중심으로 운영되었던 관련 법규나 정책이 보행자 중심으로 탈바꿈하려면 서울시나 시민이나 적응시간이 필요할 것이다. 그뿐 아니라 보행환경의 조성, 유지, 관리에 관한 규정, 도로계획, 설계기준을 재정립해야 한다. 머지않아 더 많은 시민이 보행환경 개선의 필요성을 절감하게 될 것이다. 서울시와 시민이 함께 노력한다면 언젠가 그 열매가 가시화 될 것이다.

4 / 보행도시를 위한 솔루션

차 없는 거리

차 없는 거리는 곧 보행자를 위한 공간이다. 진정한 보행도시는 곧 차로부터 자유로운 도시이다. 실제 세계적으로 유명한 보행도시들은 차 없는 도시이다. 『프란츠 알트의 생태적 경제기적』의 저자 프란츠 알트(Franz Alt)는 산업 역사를 돌이켜볼 때 자동차는 경제적으로나 생태적으로 최대의 실패작이라는 극단적인 말을 했다.

도시는 사람이 만든 것이다. 따라서 사람이 도시의 주인이 되어야 한다. 그러나 어느 순간 도시의 주인이 자동차가 되어버렸다. 모든 문명의 이기가 그러하듯 어느 선을 조금 넘으면 인간은 스스로 노예가 된다. 지금 당장은 차 없는 생활을 상상하기 힘들다. 그러나 최소한 몇십 년을 내다본 보행환경 개선정책이 실행된다면 도시와 시민의 사귐은 깊어질 것이다.

"차가 없어도 크게 불편하지 않은 체계를 만들어나가는 방향으로 나아가야 할 것이다. 복잡할 것 없이 20년 전만 생각해보라. 우리는 차 없이도 잘 살지 않았는가."[1]

도로는 일반적으로 일반도로, 자동차전용도로, 보행자전용도로, 보행자우선도로, 자전거전용도로, 고가도로, 지하도로가 있다. 이 가운데 보행자전용도로란 보행자의 통행만을 목적으로 하고, 자동차 교통을 완전히 배제한 도로의 총칭이다. 그리고 보행자우선도로란 자동차보다 보행자의 통행과 안전이 우선되는 도로로서 보행자가 지나가면 차량은 무조건 정차해야 한다.

1997년에는 서울시 최초로 보행자 중심의 녹화거리가 덕수궁길에 조성되어 부분 개통되었다. 현재 서울시는 보행자들에게 안전하고 쾌적한 보행공간을 제공하기 위한 사업들을 활발히 전개하고 있다. 즉, 보행자들이 자동차의 방해를 전혀 받지 않고 걸을 수 있도록 보행자전용도로와 구역을 확대하고 있다. 또한 기존의 차 없는 거리 사업도 활발히 펼치고 있다. 보행량이 많은 도로의 일정 구간에 전일 또는 일정 시간 차량의 통행을 제한하고, 보도 및 시설물을 정비한다. 안전한 보행공간을 확보하기 위해 15년 전부터 시작한 사업을 보완 · 강화하고 있다. 이미 시행 중인 차 없는 거리와 더불어 보행전용도로를 확대해나가고 있다.

남대문시장은 동대문시장과 함께 서울을 대표하는 종합시장이다. 연중 내내 24시간 시장이 열린다. 그래서 '도깨비시장'이라는 이름까지 붙여졌다. 남대문시장은 숭례문 옆에 있다. 숭례문은 서울의 정문이요, 한국의 대문이다. 조선시대에는 한양 도성의 남쪽 문으로 가장 큰 문이었다. 조선시대나 지금이나 숭례문은 서울 시민의 자부심이다. 서울시의 심장과 가장 가까이 위치한 대동맥이기도 하다. 이 남대문시장이 차 없는 거리가 되기까지 여러 차례에 걸친 주민공청회가 열렸다. 무엇보다 중요한 것은 남대문시장 상인들의 협조였다. 쉽게 응낙할 수 없는 주제이다. 물품의 공급이 거의 매일 이뤄지는데 그 물품 배송을 위한 차량의 통행이 불가피한 것이 시장의 특성이기 때문이다. 그러나 남대문시장 상인들의 적극적인 협조로 지금의 차 없는 거리로 자리매김할 수 있었다. 이제 남대문시장의 차 없는 거리는 요리에서 빼놓을 수 없는 소금처럼 보행도시 골격의 중심부를 차지하고 있다. 남대문시장 외에도 '차 없는 거리' 확대를 위한 노력은 지금도 계속되고 있다. 이를 위한 공청회와 벤치마킹이 진행되고 있다. 시민들의 적극적인 관심과 협조가 있다면 '연중무휴 차 없는 거리'의 꿈이 곧 현실이 될 것이다.

사실 차 없는 도시란 자동차를 무조건 몰아내는 것이 아니라 자동차와 보행자의 균형을 되찾는 것이다. 지속적으로 차 없는 거리를 확대하려면 지역경제 활성화 전략이 필요하다. 이를 위해 지역 상인들과 협력해 적극적으로 홍보를 펼쳐야 한다. 아울러 지역 내에서 문화행사나 축제 등을 기획하고 시민들의 참여를 장려해야 한다.

다음에 나오는 기사는 정책의 계승이 이뤄지지 않아 발생한 문제를 잘 보여주고 있다. 우리는 이 기사를 교훈으로 삼아 같은 실수를 반복하지 말아야 할 것이다.

> 12일 오후 3시 서울 역촌동 서부시장길. 포클레인 2대가 보도를 뜯어내고 땅 다지기 작업을 하고 있었다. 이 길은 2004년 은평구의 걷고 싶은 거리로 선정됐다. 당시 2차로를 없애고 빨간 투수콘과 모자이크 점토벽돌로 치장했다. 하지만 투수콘 바닥이 일어나는 등 하자가 발생하자 2009년 아스팔트로 덮어버렸다. 이번 철거 공사에서 가로수 1만 그루와 화단도 모두 제거됐다. 당시 31억 8,000만 원을 들여 만든 S자형 일방통행로를 2차로로 원상복구하기 위한 작업이다. 원상복구 공사엔 10억 원의 예산이 들어갔다. …… 2007년 439억 원이 투입되어 대학로 등 10곳, 2008년 894억 원을 들여 삼청동길 등 20곳을 치장했다. 당시 대학로 실개천에 33억 원을 들여 플라스틱 커버를

씌웠다. 하지만 현재는 곰팡이와 이끼가 잔뜩 낀 흉물로 방치되어 있다.[2]

서울시 최초의 보행자 중심의 녹화거리는 이제 어떠한가? 덕수궁길은 1998년에 구대법원 로터리에서 경향신문사에 이어지는 길로 연장 조성했다.

1998년 제1호 걷고 싶은 거리로 조성된 덕수궁길이 보행자보다 차량 통행 편의를 위한 공사 진행으로 인해 본래의 조성 취지가 크게 훼손되면서 논란이 일고 있다. …… 그러나 시민과 관광객들은 아쉬움을 표했다. 리투아니아 관광객 바이라 바이크(28)는 "거리가 아름답고 역사가 있는 장소라고 해서 일부러 찾아왔다"며 "관광버스를 위해 길을 바꾼다는 건 선후가 뒤바뀐 듯한 느낌"이라고 말했다. …… "거리는 설계 때부터 전체 풍경과 각각의 요소가 어우러져 완성되는데 근시안적인 정책과 잦은 주무부처 변경이 통일성을 해치고 있다"며 "좀 더 장기적 · 체계적 안목으로 접근할 필요가 있다".[3]

먼 길을 가던 아랍 상인이 사막에서 밤을 지내게 되었다. 사막의 찬 공기를 피하기 위해 익숙한 솜씨로 천막을 쳤다. 아늑한 천막에서 잠을 청하는데 낙타가 천막 안으로 코를 내밀었다. 상인은 무시한 채 자려고 했지만, 머리만 천막 안에 들어가게 해달라는 낙타의 간청은 계속되었다. 마음 약한 상인은 할 수 없이 낙타의 요구를 들어주었다. 처음에는 낙타의 머리가 들어왔다. 시간이 지나자 앞다리가 들어오고, 뒷다리가 들어오고 결국에는 천막 전체가 낙타 차지가 되어버렸다. 낙타에게 천막을 빼앗긴 상인은 덜덜 떨며 긴 밤을 지새웠다는 이솝우화가 있다.

무거운 짐을 나르고 지친 다리를 쉬게 해주던 낙타, 그래서 차마 부탁을 거절하지 못했던 상인처럼 사막과 같은 도시에서 사람은 자동차에 모든 길을 내주었다. 현대인들은 자동차가 없으면 생활을 할 수가 없다. 자동차가 제공하는 달콤한 편의성 때문이다. 현재 우리는 그 달콤함의 대가를 치러야 하는 시점에 도달했다. 그러나 도시의 주인은 사람이다. 상인과 낙타가 함께 사막을 가야 하듯, 자동차와 보행자가 함께 길을 공유해야 한다. 둘 사이의 균형이 유지되는 것, 아니 사람 쪽으로 저울 눈금이 더 기우는 것이야말로 복지이다. 다시 말해서 미래도시의 발전상은 보행의 공간과 비례한다. 서울시가 진정 보행자를 위한 도시를 지향한다면 죽어가는 도시의 심장에 인공심장을 달아서라도 살려야 한다. 서울시에는 보행도시를 위한 인프라가 충분하다. 즉, 보행도시를 위해 새로운 정책을 수립하고 새로운 행사를 벌일 필요는 없다. 이미 많은 시간과 지식과 예산을 들여 시도했던 것들을 들춰내어 취할 것은 취하고 버릴 것은 버려야 한다.

한 예로 물을 사서 먹는다는 것을 상상하기 힘든 때가 있었다. 걷는 것을 놓고 법령과 조례를 제정하기 위해 싸운다는 것이 하릴없어 보이는 때가 있었다. 그럼에도 꾸준히 길을 닦아 만든 사람들이 있다. 많은 사람이 먹고사는 문제로 분주할 때 이들은 먼 미래를 내다보며 보행권을 주장하는 시민운동을 꾸준히 펼쳐왔다. 이들 덕분에 많은 사람이 '걷고 싶은 서울'을 꿈꾸기 시작한 것이다.

서울 시민이 꿈꾸는 '걷고 싶은 서울', 곧 '보행도시 서울'을 위해서 도심활성화와 더불어 공공 공간이 되살아나야 한다. 이것은 과거의 무분별한 도시개발로 생겨난 각종 문제와 부작용을 치료할 방법이기도 하다. 도심활성화는 곧 광장의 부활이다. 고대로부터 도시 가운데에는 늘 광장이 있었다. 광장은 사람들이 모일 때 그 존재감을 드러낸다. 광장은 상갓집이 되기도 하고 잔칫집이 되기도 한다. 광장은 소통과 공유의 장이다. 서울시에도 서울광장, 광화문광장, 숭례문광장, 청계광장 등 몇몇 광장이 있다. 이 광장을 중심으로 인근에 차 없는 거리, 보행자전용도로, 보행자우선도로, 녹화거리가 확대 · 보강되어야 한다.

보행도시 진단

보행에는 비용이 들지 않는다. 또 보행을 위해 특별히 갖추어야 할 장비가 있는 것도 아니다. 보행자 중심에서 자동차 중심으로 도시가 변화해가면서 시민들의 삶의 질은 오히려 많이 떨어졌다. 자동차가 북적거리는 도로를 마치 선진도시로 착각했던 시기도 있다. 그러나 자동차가 지배하는 도시는 도시환경은 물론 사람들의 건강을 좀먹어 들어갔다. 도시인들은 수많은 자동차가 날마다 내뿜는 배기가스를 들이마신다.

사실 우리가 사는 이 시대는 자동차 외에도 스트레스의 요인이 널려 있다. 그로 인해 사람들은 화를 잘 내고, 성격이 급해지고, 과음한다. 그뿐인가. 암은 물론 여러 가지 환경성 질환이 급격히 늘고 있다. 사람들은 행복이라는 단어와 점점 더 멀어지고 있다.

이 모든 것을 경제적 수치로 환산하면 엄청난 손실이다. 한 예로 자동차 위주의 생활로 비만이 늘고 있다. 체중을 조절하기 위해 운동을 하고 약품을 복용하며 성형시술도 한다. 이 경우 걷는 것만 제대로 해도 소비를 줄일 수 있다. 이제야 사람들은 경각심을 갖기 시작했다. 빠름만 추구하던 사람들이 드디어 느림의 미학을 논하기 시작한 것이다. 느림과 게으름의 차이점도 깨닫기 시작했다. 이제 적절한 느림의 한 방법으로 자동차보다 보행을 택할 때 새로운 에너지가 창출될 것이다. 이러한 에너지는 돈으로도 살 수 없는 것이다.

도로망 확장을 위해 세계의 도시들이 쏟아부은 예산이 얼마일까? 그뿐이 아니다. 이미 도로가 준공되었음에도 그 도로의 유지와 수리를 위한 예산 역시 만만치 않다. 물론 걸어서 갈 수 없는 곳이 많기 때문에 자동차 주행거리와 보행 거리를 수치로 비교할 수는 없다. 그러나 걸어서도 갈 수 있는 가까운 거리에서는 걷는 것과 차를 이용하는 것 가운데 어느 것이 더 경제적인지 비교해볼 만하다. 조사 결과 집에서 가까운 쇼핑몰이나 슈퍼마켓에 갈 때 주행거리는 보행 거리의 3배 이상이다. 즉, 차를 타고 가는 것보다 걸어가는 것이 훨씬 더 빠르다.

런던은 건축과 환경을 접목한 도시를 디자인하면서 2007년 이후 세계적인 보행도시 가운데 하나로 부상했다. 런던에는 여러 인종이 모여 커뮤니티를 형성하고 있다. 또한 거대한 금융서비스 산업도시여서 세계 곳곳에서 많은 사람이 몰려든다. 뉴욕에 다이아몬드 거리가 있다면 런던에는 황금거리가 있는 셈이다. 런던의 골든 시티(Golden City), 뉴욕 중부의 다이아몬드 시티(Diamond City)는 이름에 걸맞게 엄청난 부를 창출한다. 보행자의 안전과 매력적인 환경을 위한 투자가 엄청난 경제적 이윤을 창출한다는 것을 그대로 보여주는 사례이다. 도시가 '걷고 싶은 도시'로 변모할 때 소매물가지수와 상가임대료도 함께 증가한다. 보행도시로서의 점수가 1점 증가할 때마다 소매물가지수는 5.2%, 상가임대료는 4.9%가 증가한다는 연구결과가 있다.

또한, 미국 15개 도시에서 총 9만 4,000건의 매매거래 데이터를 토대로 보행환경 개선과 주택가격의 상관관계를 조사한 결과 같은 수준의 주택이지만 보행환경에 따라 약 4,000달러에서 3만 4,000달러의 가격차이가 났다. 예를 들어 플로리다 주의 웨스트팜비치는 아름다운 보행도시인데 주택가격은 물론 상가임대료가 타 도시의 거의 2배에 달했다(1998년 기준).[4]

지역 주민의 소득과 생활이 안정적이라고 하더라도 자유롭게 걸어 다니는 인간 본연의 욕구가 눌려 있다면 온전한 행복감을 느낄 수 없기 때문에 이런 결과가 나온 것이다. 즉, 보행환경이 개선된다는 것은 회색도시가 녹색도시로 바뀐다는 것이고, 녹색공간 속에서 자유롭게 호흡하는 시민은 내면의 부유함을 느낄 수 있다.

지난 반세기 동안은 서울 시민의 자동차 의존도는 꾸준히 높아졌고, 각 자치구 역시 자동차 중심의 도로에 많은 시간과 예산을 투입했다. 그러다 보니 서울의 공기는 탁해질 대로 탁해져 건강에 위협을 주는 정도가 되었고, 녹색공간은 점차 사라졌다. 고층 빌딩과 아파트가 도시를 차지했고, 건물의 자산 가치는 날로 높아졌지만 서울 시민의 삶의 질은 위협을 받기에 이르렀다.

자동차를 포기할 것인가, 보행을 포기할 것인가. 보행이 지닌 경제적 이익은 자동차 산업 및 그에 따른 인프라와 비교할 수 없다. 우리는 눈에 보이지 않는 가치, 즉 건강, 행복, 안심 등을 위해 투자해야 한다.

런던은 밀집도(densities)가 높은 것이 특징이다. 세계적으로 밀집도가 높은 도시들은 대부분이 관광도시로 이름이 나 있다. 많은 사람이 늘 북적이며, 도시 안에서 돈을 쓴다. 미국의 경우 1945년 이전에 생성된 도시들은 거의 다가 빌딩 밀집도가 높다. 그리고 이들 도시는 현재 아주 높은 자산 가치를 지니고 있을 뿐 아니라 '살고 싶은 도시' 리스트에 대다수가 올라와 있다. 서울의 밀집도도 만만치 않다. 2008년 기준으로는 세계 최고를 기록할 정도이다. 이처럼 밀집도가 높은 서울도 우아한 보행도시로 태어날 가능성은 충분하다.

마이애미 남부 해안은 고밀도의 현대적 도시이다. 1에이크(약 4,047 m²/ 약 1,224평)당 약 30~35명의 인구밀도에 2~4층 정도의 저층 빌딩이 수두룩하다. 주차 장소가 없거나 있어도 공간이 넉넉지 않은 도시이지만 사람들은 이곳을 좋아한다. 시민의 반 이상이 일상생활 속에서 자동차의 필요성을 느끼지 못한다. 차 없이도 모든 생활이 가능하기 때문이다. 시민들의 평균 차량유지비는 연간 8,000달러를 웃돌았다(2009년 기준). 그러나 보행환경이 개선되면서 차를 아예 포기하거나 있어도 유지비 지출을 꺼린다.[5] 사실 저밀도 도시가 고밀도 도시보다 더 복잡하고 무질서하다. 따라서 서울시는 얼마든지 차가 없는 보행도시로 탈바꿈할 수 있다.

가장 중요한 예산 문제를 직시할 때 다시금 차와 사람의 대립과 경쟁구도가 형성된다. 그러나 이 두 관계는 조화와 균형의 관계로 이루어져야 마땅하다. 처음에는 요구가 관철되기 힘들더라도 구체적인 계획과 시민들의 의견을 모아 끈질기게 제안할 필요가 있다.

세계의 수도 대부분이 보행로 조성을 위한 별도의 국가보조금을 거의 받지 않는다. 도로확장이나 보수, 자전거도로 신설 등의 항목은 있으나 전적으로 보행자들만의 요구를 충족시키는 순수 예산 항목을 찾아보기 힘들다. 보스턴 시만 해도 간선도로를 위한 연방 및 주 정부 보조금이 책정되어 있으나 전적으로 보행자를 위한 항목은 없다. 대체로 교통사업 관련 사항은 증가하는 추세이다.

따라서 앞으로 서울시는 시행할 사업의 종류와 계획, 또 그에 따르는 예산과 비용을 구체적으로 살펴야 한다. 특히 각 자치구와 네트워크를 형성해 관련 자료의 데이터베이스를 지속적으로 업데이트해야 한다. 그래야만 몸통과 팔다리가 따로 노는 행정에서 벗어날 수 있다. 특히 사업의 지속성을 위해서는 보행환경 관련 정부부서와 자치구가 서로 실행전략을 공개하고 공유해야 한다.

그러나 관에서 주관하는 정책보다 중요한 것은 역시 서울의 주인인 시민의 적극적인 관심과 참여이다. 보행도시 만들기에 대한 주민들의 참여 의지가 필수인 것이다. 다만 시민들의 요구와 관심을 표면화할 수 있는 소통 창구 마련해 지혜를 모아야 한다. '서울특별시 보행권 확보와 보행환경 개선에 관한 기본조례'의 탄생과정이 바로 이러한 전략적 구상의 산 증거이다. 즉, 서울시 보행조례가 탄생하기까지 시민단체는 물론 크고 작은 여러 모임이 힘을 모았다. 그 땀과 피가 절대 헛되지 않도록 서울시는 그동안 물도 주지 않고 가꾸는 데 소홀했던 보행 관련 정책을 다시금 들춰보고 현재 시점에 맞게 재정립해야 한다. 물론 트렌드만 바뀔 뿐이지 본질은 동일할 것이다. 보행도시에 관한 시민들의 요구가 변함없듯이 말이다.

보행의 기쁨

보행은 인간의 기본 권리이기도 하지만 존재의 기쁨이기도 하다. 이제 그 기쁨을 되찾도록 도와주는 일을 서울시가 해야 한다. 서울 시민은 물론 서울을 찾는 많은 사람이 걷게 하는 것이 곧 '하이서울(Hi Seoul)'이고, 복지서울이다. 서울은 세계에서도 손꼽힐 정도로 초고속 성장을 해온 메가시티이다. 그러나 하드웨어에 속하는 외양만 메가시티일 뿐 소프트웨어는 아직 부실하다.

자동차가 사람의 발을 대신하기 시작하면서 사람들의 생활방식과 도시는 거의 모든 부분에서 새롭게 바뀌었다. 이른바 자동차도시가 보행도시로 변하기까지는 자동차가 도시를 지배해온 시간만큼의 시간이 필요할지 모른다. 하루아침에 변화가 일어나지 않는다. 그렇다고 실망할 필요는 없다. 언제 어른이 될까 생각하며 지내던 아이가 어느덧 훌쩍 커버리듯, 모든 변화가 생활 속에서 느껴지기까지는 인내가 필요하다. 그 인내란 곧 일관된 정책과 꾸준한 예산책정을 의미한다.

일관된 정책을 논하기 전에 먼저 직시해야 할 그림이 있다. 그것은 곧 도시(서울시)의 자화상이다. 자화상에는 명암이 분명하다. 어두운 부분은 차들이 내뿜는 독기가 공기를 잔뜩 오염시켰다는 것, 자동차가 넘쳐나다 보니 도로는 둘째 치고 주차 공간이 극도로 부족하다는 것, 그래서 쉴 자리를 차지하지 못한 자동차들이 주택가 골목까지 차지하고 있다는 것, 또 가까운 거리는 걸어서 가도 좋으련만 속도에 길든 시민들은 여유를 잃은 지 오래라는 것이다. 그래서 보행도시라는 단어만큼 발로 걷는 것이 낯설다는 것을 들 수 있다.

반면에 밝은 부분도 꽤 많다. 어느 정도 정비된 대중교통 체제, 환승역과 버스 정거장의 정비 등으로 교통체증은 점차 줄어들고 있다. 명동은 보행자들을 매혹하는 요소가 꽤 있다. 대형 쇼핑몰, 소형 상점, 프랜차이즈 식당과 음식가판대, 뷰티샵, 극장 등이 널려 있다. 그리고 무엇보다 사람들의 활기를 보면 미래보행도시의 미니어처와 같다. 자동차와 사람이 비좁은 공간을 공유하고 있다. 다른 곳과는 다르게 자동차가 서행하고, 경적을 크게 울리지 않는다.

과연 걷고 싶은 거리는 어떤 거리일까? 강아지에게 새집을 만들어주었다. 알록달록 색도 칠했다. 그런데 강아지는 새집에 들어갈 생각을 안 한다. 강한 페인트 냄새 때문일까? 주인은 도무지 그 이유를 알지 못했다. 주인이 강아지 집 안에 방석을 넣어주었다. 그제야 강아지는 집 안으로 들어갔다. 강아지는 자기가 늘 깔고 자던 너덜너덜한 방석에서 잠을 자고 싶었던 것이다. 걷고 싶은 도시를 만든다는 것은 곧 상대방의 입장에 서야 한다는 것이다. 선물을 고를 때에도 상대방이 과연 무엇을 좋아할지, 어떤 것이 필요한지 곰곰이 생각하는 시간을 가져야 한다. 또한 시민들과 사귐의 시간도 필요하다. 그래야 시민들이 걷고 싶은 길이 어떤 길인지 조금이라도 알 수 있게 될 것이다. 물론 서울시가 주인이고 시민이 강아지라는 비유는 아니다. 강아지가 원하는 것을 헤아리는 것보다 어쩌면 시민이 원하는 것을 헤아리는 것이 더 힘들지 모른다. 그래서 먼저 시민들의 소리에 귀를 기울여야 한다. 아니 이보다 먼저 시민들이 소리를 낼 장을 마련해야 한다.

서울은 곳곳마다 그 동네만의 특유한 냄새가 있다. 예컨대 인사동에는 빛바랜 한지, 전통차, 미술품과 골동품에서 풍기는 그윽한 냄새가 있다. 이런 것들을 무시하고 깡그리 갈아엎어 인사동을 명동처럼 만든다든지 명동을 인사동처럼 만들어 고유의 냄새를 없애는 일은 없어야 한다. 이 냄새는 주민들에게 익숙하면서도, 늘 익숙하던 것으로부터 문득 신선함을 불러일으킨다.

다시 말해 흔적을 남겨야 한다. 역사와 과거의 흔적을 완전히 없애면 안 된다. 절대로 서울이 국적 없는 변종도시가 되어서는 안 된다. 그래야 진정한 쉼과 즐거움을 누릴 수 있다.

시민의식

모든 정책이 그러하듯 보행환경 개선정책 역시 시민의 무관심 속에서는 무의미하고 공허하다. 보행도시란 시민이 마음 놓고 즐겁게 걸어 다니는 도시, 걸어 다닐 수 있는 도시이다. 시민이 빠진 보행정책이란 존재할 수 없다. 반대로 시민이 권리를 인식하지 못할 수도 있다. 이것은 서울시와 시민의 소통 문제이다. 지난 몇십 년간 소리 없이 땀 흘린 시민단체의 역할을 적극적으로 알려야 한다. 과거를 삭제하고 무조건 새로운 것을 만들고 시행하려는 것은 어리석기 그지없다.

서울시의 보행환경 문제를 제기하고, 해결책을 요구해온 기관이나 단체들 사이에 이렇다 할 협력과 공유체계가 없다는 점도 아쉽다. 지금은 이들 단체의 과거 계획과 노력을 피드백하면서 보행도시로 가는 길에 장애 요인들이 무엇이었는지 끄집어내야 한다. 연구 문헌으로만 남아 있는 연구가 아니라 실제로 실행과 평가가 가능한 문헌이 되어야 한다. 또한 일회성 프로젝트의 개념으로 학문적이고 이론적인 사업 제안보다는 구체적인 실행 지침이 도출되어야 한다. 이를 위해서는 서울시의 재정 지원이 필요하다.

그뿐 아니라 지역구 의원들의 도움이 필요하다. 서울시 지역구 국회의원 후보의 공약에 도로건설뿐 아니라 보행로와 보행자 안전이 어느 정도 포함되어 있는지 네티즌과 시민들의 적극적인 관심이 필요하다. 신도시 건설, 유흥가 퇴치, 새로운 상권 조성 등의 공약 못지않게 지역 주민의 건강을 위한 구체적인 공약도 필요하다. 예컨대 소규모 생태공원 조성, 산책로 만들기, 교통사고 다발지역에 대한 구체적인 안전책이 필요하다. 아니면 공약 발표에 앞서 해당 지역 후보에 대한 정책 질의의 기회를 만들 필요가 있다. 결국 시민이 주인이 되기 위해서는 귀찮고 번거롭더라도 주인의 권리를 최대한 이용해야 한다. 그러나 현실은 호락호락하지 않다. 특정 지역을 제외한 대다수 지역 주민들은 먹고사는 문제를 고민하는 것만으로도 버겁다.

보행환경의 수혜자는 시민이어야 한다. 따라서 시민이 원하는 것이 무엇인지 정확히 표현해야 하는 것은 시민의 권리이자 의무이다. 지금은 인터넷시대요, SNS시대이니 만큼 의지적으로 해당 기관의 홈페이지를 방문해 새로운 소식을 접하고, 유익한 것과 시민의 참여가 절실한 것은 SNS를 통해서라도 적극적으로 알려야 한다. 오프라인을 통한 홍보도 병행되어야 한다. 기존에 늘 사용하던 홍보 팸플릿은 지금 시대에는 비효율적이다. 엽서 형식으로 간소화하되 그 엽서마다 메시지를 담은 사진이나 그림이 들어가면 폐기 비율이 줄어들 것이다. 다만 디자인에 공을 들일 필요가 있다.

보행환경과 시민의식은 비례한다. 도시환경 역시 그곳에 거주하는 시민들이 만들어가는 것이다. 만일 보행환경과 보행공간은 수준급인데 시민들의 수준이 거기에 못 미친다면 어떤 일이 발생할까? 환경이란 꾸준히 관리하고 보호하지 않으면 쇠퇴하기 마련이다. 시민의 참여를 불러일으킬 수 있도록 운전자나 보행자를 대상으로 하는 보행환경 교육이나 홍보 프로그램을 언론매체, 특히 텔레비전에 노출시킨다면 그 위력은 적지 않을 것이다. 아무 문제없이 걷던 길인데 언론매체를 통해 사고 소식을 접하거나 건강과 관련한 뉴스를 대하면 보행자들의 촉각은 갑자기 곤두선다. 방송을 통해 몸에 무엇이 좋다더라, 또는 이러저러한 식품은 질병 예방에 도움이 된다는 것이 보도되면 해당 식품이 불티나게 팔린다. 이러한 사실은 언론매체와 홍보가 시민들의 일상생활에 얼마나 큰 영향을 미치는지 여실히 드러낸다. 따라서 이를 잘 활용할 수 있도록 지혜를 모을 필요가 있다.

영상매체는 인쇄매체보다 파급효과가 크다. 유튜브를 통한 공모전도 흥미로울 것이고, 젊은 층을 많이 끌어들일 수 있는 좋은 방법이다. 이를테면 시민들의 불만이 가장 큰 자전거 통행과 주차 문제를 현장에서 직접 촬영해서 올리고, 그 올린 자료에 대한 반응을 기다린다. 아마도 전국 여기저기서 댓글을 달 것이다. 사진이나 동영상 하나가 몇십 쪽에 달하는 연구 자료보다 더 설득력이 있을 때가 있다. 시각적인 효과만큼 빠르게 전달되는 것이 있을까? 더더구나 요즘은 비주얼시대이다. 보행자 안전을 위한 공간 확보나 자전거 동선을 보도와 분리하는 것 등을 시각화시키면 그 어떠한 단속이나 캠페인보다 영향력을 발휘할 것이다. 또는 서울시 홈페이지에 별도의 장을 마련해서 시민들이 보행자 위험에 관한 동영상을 직접 올리도록 하는 것도 큰 도움이 될 것이다. 해외의 케이블 방송에서는 보행자 안전에 관한 다큐멘터리 프로그램을 방영하기도 한다.

보행환경 개선방향

보행조례가 시행된 지 꽤 많은 시간이 지났지만 추진 사업이 제대로 효과를 보지 못해 문제 덩어리가 된 데에는 구체적인 책임을

물을 부서가 모호했기 때문이다. 보행 관련 문제 외에도 어떤 문제를 제기하면 함흥차사에 결과도 흡족하지 않은 경우가 허다하다. 서울은 메가시티이다. 서울시에서 보행환경 개선에 관한 거시적 플랜을 제시할 수는 있으나 정작 중요한 것은 각 자치구이다. 서울시가 제시한 청사진을 토대로 각 자치구에서는 더욱 구체적이고 자신의 지역에 맞는 맞춤형 환경개선 프로그램을 만들어 그것을 서울시와 공유하고 정기적인 피드백으로 모든 데이터를 공유해야 한다.

따라서 자치구별로 보행환경 개선을 위한 전담 부서가 필요하다. 그러나 지금 당장 새로운 부서를 만든다는 것은 무리이므로 먼저 유사 업무를 주관하는 부서에 일임한다. 5년 또는 10년의 주기로 업무성과를 판단해 새로운 부서로 전환한다. 예컨대 도시 관리와 정비, 건축과, 교통행정 업무, 건축 관련 업무, 조경 업무 담당 부서가 적격이다. 그러나 의회에서 법안을 통과시키고 가이드라인을 제정했다고 하더라도 시정책에 늘 반영되는 것은 아니다. 그 이유로는 실행자들 간의 이해관계 상충, 시민들의 요구사항과 동떨어진 정책 내용, 예산 부족 또는 로비, 시간 부족, 기술 부족 등을 들 수 있다. 자치구 자체로 지역 주민의 보행량 및 통행 특성을 조사하고 그 결과를 자료화해 공유한다. 보행환경 개선정책 자문인단을 구성해 미래정책을 구상한다. 관련 학과를 공부하는 지역 내

대학생, 대학원생들의 참여를 권장한다면 좋을 것이다.

서울시는 자치구와 달리 보행환경 개선을 전담할 총괄기구를 설치해야 한다. 그리고 지금까지 분산되거나 일관성 없이 추진해오던 업무를 통합한다. 아울러 신설기구의 권한을 강화할 필요가 있다(시장실 직속기관으로 배치하는 것도 고려할 만하다). 서울시의 예를 들면, 차 없는 거리 조성사업은 교통관리실 교통운영개선기획단 보행안전계에서 담당하고 있지만 보행자 중심의 녹화거리 조성사업은 환경관리실 조경과에서 담당하고 있고, 도로의 계획이나 시설물의 관리는 건설국 도로계획과와 도로운영과에서 담당하고 있으며, 보도에 인접한 건축선 후퇴부와 차량출입시설 조성에 관한 인허가나 심의 업무는 주택국의 건축지도과에서 담당하고 있다. 자치구의 경우는 보도의 포장과 정비는 토목과에서, 지구교통개선사업은 교통행정과에서, "보도에 설치되는 시설물 중 가로수는 공원녹지과에서, 키오스크(kiosk)는 건설관리과에서, 토큰판매대는 교통지도과에서 담당하고 있고, 보행환경에 영향을 주는 건축물의 인허가 또는 도시설계지구 내 도로계획 등의 업무는 건축과에서 담당하고 있다."[6] 이렇게 보행도시 관련 업무가 여러 부서에 분산되어 있는 것을 통일할 필요가 있다.

또한 서울시는 경찰청과 긴밀한 관계를 유지하면서 경찰청에서 시행하고 있는 교통안전시설 및 기타 교통안전 시스템과 동떨어지지 않은 보행도시 전략을 마련해야 한다. 그리고 전문 인력을 양성해야 한다. 업무부서 신설보다 중요한 것은 전문 인력이다. 보행환경 개선은 아직 익숙하지 않은 낯선 분야이므로 학계, 연구단체, 시민단체의 전문지식인이 필요하다. 이들을 중심으로 한 자문인단을 구성해 해당 부서 직원들에게 온라인과 오프라인 교육을 실시하면 좋겠다. 더불어 지역 주민으로만 구성된 기구가 필요하다. 사랑방 같은 분위기의 커뮤니티로서 기존의 시민단체와는 구분된다. 이들은 거주 지역의 환경을 꿰뚫고 있기에 보행안전을 위한 요구도 구체적으로 선별할 수 있다. 그리고 이들이 파악한 지역 현황과 요구사항, 예산 등을 홈페이지에 올린 후 서울시 홈페이지 해당 메뉴에 링크한다. 이 모두가 예산이 책정되지 않으면 시행이 불가능한 일이므로 시의회, 정부와의 예산협상을 주도할 별도의 협의체가 필요하다. 보행환경 개선에 성공한 외국 도시를 벤치마킹하는 것도 중요하지만 서울시 자체의 정책과 기술을 실험하는 과정을 생략해서는 안 된다. 그래야만 서울시에 최적화된 가장 이상적인 보행도시 전략을 도출할 수 있기 때문이다.

5

/

글로벌 보행도시를 꿈꾸며

보행도시 벤치마킹

아메리카 웍스는 1996년 보행도시를 위해 설립된 비영리 국가 지원 단체이다. 이 단체는 국가적 차원에서 보행을 보호하고 발전시키기 위해 구성되어 큰 영향력을 지녔다. 이들이 하는 일은 걷고 싶은 미국을 만들기 위해 애쓰는 전국 보행옹호 커뮤니티 네트워크를 소개하고, 각 도시의 보행도시 전략 정보와 자원을 지원한다. 또한 시민과 협력해 공동 캠페인을 펼치기도 하면서 미국 모든 도시에 보행로를 만들겠다는 비전을 품고 있다. 이렇게 보행도시 비전을 품고 시와 시민이 함께 노력해 좋은 결실을 맺은 몇몇 도시를 살펴보고자 한다.

시카고

시카고 시는 무엇보다 보행자의 안전에 우선순위를 두었다. 지난 10년간 꾸준히 보행자 안전을 위해 애쓴 결과 보행자 사고가 많이 줄었고, 현재 미국 내에서 가장 안전한 보행자들의 도시가 되었다. 지금은 단 한 명의 보행사망자도 많다고 말한다. 보행사망자가 아예 사라지는 도시를 지향하고 있다.

시카고 시민들 역시 공청회를 열고 보행자 안전과 관련된 행동지침을 마련했다. 시키고 시가 2012년 9월 발표한 '시카고 보행자 계획안(Chicago Pedestrian Plan)'을 보면 시민들의 참여가 얼마나 적극적이었는지 알 수 있다.[1]

1. 보행자 사고 제로 프로그램을 실시한다.

   향후 10년 안에 보행자 사고율을 제로로 줄인다.

2. 안전지대를 구현한다.

   가장 어린 보행자인 어린이를 보호하기 위해 학교와 공원 주변에 안전지대를 만든다.

3. 신호교차로에서의 보행자 안전을 강화한다.

   시카고 보행자 사고의 2011년 통계에 따르면 보행자 사고의 약 반 정도가 신호교차로에서 발생했다고 한다. 신호체계를 개선하고 보행신호 시간을 조정하는 등 여러 가지 다양한 방법을 시도해서 보행자를 보호한다.

4. 보행자 환승 거리를 단축한다.

역 주변에 보행자를 위한 인프라를 구축하고 안전시설을 강화해 보행자들이 안전하다고 느끼게 한다.

5. 장애인 보행 장애물을 제거한다.

보행네트워크를 구축하고 개선해 휠체어만으로도 시카고 시 어디나 자유롭게 다닐 수 있게 한다. 또한 신축건물 입구는 휠체어의 진입이 용이하도록 설계한다.

6. 철도 건널목을 평면으로 개량한다.

철로가 도로면보다 돌출되어 있으면 보행에 장애가 될 수 있다. 보행자가 안전하게 횡단할 수 있도록 도로와 철로를 같은 높이로 만든다.

7. 신설 학교 위치를 신중히 결정한다.

학부모나 학생이나 걸어서 학교에 갈 수 있거나 집에서 가까운 곳에서 대중교통을 이용할 수 있기를 바란다. 교통이 혼잡한 간선도로 근처에 학교가 있다면 보행에 위협을 느낄 것이다. 따라서 앞으로 새로 짓게 될 학교 위치는 보행의 안전을 최대한 고려한다.

웹 사이트 WalkScore.com에 따르면 시카고 시는 보행도시 심사에서 74.3점을 받음으로써 미국에서 네 번째로 훌륭한 보행도시가 되었다. 심사 기준은 차 없이 얼마나 편하게 살 수 있는지, 대중교통은 얼마나 편리한지, 또 걸어서 상점, 은행, 커피숍, 은행, 공원, 서점, 기타 문화공간까지 갈 수 있는지 등이다. 특히 프린터스 로우(Printer's Row), 니어 노스(Near North) 역사지구, 셰리든(Sheridan) 공원 역사지구는 누구나 걷고 싶은 명소로 손꼽히고 있다.

코펜하겐

코펜하겐은 유명한 보행도시 가운데 하나이다. 코펜하겐의 도로는 중세시대의 좁은 길을 연상시킨다. 코펜하겐에서도 가장 유명한 보행자전용도로는 스트뢰에(Strøget) 거리이다. '걷는다'라는 뜻을 지닌 이름이다. 자동차 중심의 도시에서 사람친화적인 도시가 되기까지 자그마치 40년이나 걸렸다.

1. 일반도로를 보행전용도로로 바꾼다.

   수십 년에 걸쳐 단계적으로 보행전용도로를 만들었고, 보행자 우선도로에서는 자동차 속도는 낮추게 하고 보행자와 자전거 이용자에게 우선통행권을 부여했다.

2. 교통량과 주차장을 점차 줄인다.

   교통량을 안정적으로 유지하기 위해 이 도시는 1년에 2~3% 비율로 주차공간을 서서히 없앰으로써 도심부의 차량 수를 줄였다. 1986~1996년 사이 약 600여 개 장소의 주차장을 없앴다.

3. 주차장을 공공광장으로 전환한다.

시는 주차장을 없애고 보행자 거리로 만들어 공공광장으로 바꾸었다.

4. 밀집도는 높이나 저층건물 유지한다.

밀집도는 높으나 저층인 건물들을 유지하면서 바람이 지나가게 했다. 코펜하겐의 도심부는 다른 지역보다 바람이 적고 온화한 분위기를 조성했다.

5. 일인당 휴먼 스케일(human scale)을 존중한다.

적절한 휴먼 스케일과 격자 모양(street grid)의 도로를 걷는 즐거움을 제공해주고, 역사적 건물의 기둥과 층계, 차양, 출입구 등이 걷는 사람들을 흥미롭게 한다.

6. 중심부에 거주하게 한다.

현재 6,800명 이상의 주민이 도심부에 살고 있다. 이들은 자동차에 의존하는 생활을 버렸고, 밤에 보행자들이 안전을 느끼도록 창문에 불을 밝혔다.

7. 학생들의 거주를 장려한다.

자전거를 타고 통학하는 학생들은 교통체증에 가세하지 않는다. 그들의 활기는 밤낮으로 도시에 생기를 불어넣는다.

8. 계절에 걸맞은 도시 분위기를 조성한다.

여름에는 노천카페, 공공광장, 길거리 공연이 많은 사람들을 사로잡고, 겨울에는 스케이트장, 온열 벤치, 노천카페마다 있는 가스난로 등이 도심부를 즐겁게 만든다.

9. 자전거를 주 이동수단으로 장려한다.

이 도시는 새로운 자전거전용도로를 만들고, 이미 있던 자전거도로를 더 넓게 확장했다. 주차장을 없애고 교차점에 자전거공유시스템을 만들었다. 코펜하겐에서 일하는 주민의 34%가 자전거를 이용한다.

10. 자전거를 제공한다.

이 도시는 1995년에 소액의 동전만 맡기면 누구라도 자전거를 빌릴 수 있는 시티바이크 시스템을 도시 곳곳 신문가판대에 설치했다. 도심부를 중심으로 110개의 자전거 스탠드가 있는데 이 가운데 어느 곳에서나 자전거를 반납하고 동전을 되돌려 받을 수 있다.

토론토

토론토 시의 거리와 공원과 광장 분위기는 아주 밝고 활기차다. 토론토 보행도시 전략의 특징은 보행자는 물론 대중교통, 자전거, 기타 이동수단을 모두 균등하게 통합했다는 것이다. 토론토 시 정

〈사진 5-1〉자전거 보관 링

자료: 토론토 시 홈페이지.

부는 토론토 시민뿐 아니라 토론토 시를 방문하는 외지인들의 건강과 사회적 이익을 위해 친환경적인 보행환경 개선정책을 시행하고 있다. 토론토의 보행환경 개선의 키워드는 '자전거', '보행', '아름다운 환경'이다. 이 세 가지 가운데 자전거 이용자를 위한 인프라가 큰 자랑거리이다. 보행자들의 건강을 배려한 체육시설과 더불어 아름다운 문화 환경 조성에 주안점을 두고 있다.

토론토 시내에는 여러 형태의 자전거 도로가 아주 많다. 각 도로가 지닌 매력이 자전거를 타고 싶도록 시민들을 유혹한다. 또 자전거를 좀 더 안전하고 즐겁게 탈 수 있도록 도와주는 다양한 프로그램을 운영한다. 평일 오전 10시부터 오후 3시, 오후 7시부터 6시 30분, 토요일과 일요일에는 아무 때나 자전거를 버스에 실을 수 있다. 토론토 시에는 인도와 가도 곳곳에 1만 7,000개가 넘는 링 모양의 자전거 보관대가 있다. 특히 '토론토 사이클링 맵(Toronto Cycling

〈그림 5-1〉 아름답게 디자인한 버스정류장

자료: 토론토 시 홈페이지.

Maps)'은 토론토 시가 자부심을 갖는 보행환경 개선 업적 가운데 하나이다. 토론토 시가 제작한 이 지도에는 외곽 자전거도로, 다른 교통 노선과의 환승역, 자전거 잠금 시설, 자전거 대여 및 상점 위치 등을 소개해주며 자전거와 관련한 기타 중요한 정보가 표시되어 있다.

토론토 시내에는 걸어서 갈 수 있는 곳이 아주 많다. 대문만 나

〈그림 5-2〉 토론토 시의 'i' 모양의 안내판

주: Information(정보)의 첫 스펠링 'i' 모양으로 디자인한 토론토 시의 안내판이다.
자료: 토론토 시 홈페이지.

서면 공원을 쉽게 갈 수 있고, 길거리마다 다양한 이벤트가 펼쳐진다. 토론토 시는 시민들 모두가 걸을 수 있도록 곳곳에 아기자기한 길을 만들어놓았다. 보행자들에게 호기심을 유발시키고 친근감을 느끼게 하도록 도로변에서 흔히 볼 수 있는 쓰레기통, 버스정류장, 자전거 보관대, 공중화장실 등의 디자인에 공을 들이고 있다.

앞서 말했듯이 토론토 시는 도시 디자인 전략의 주안점을 '아름다움'에 두었는데 '아름다운 거리' 프로그램을 운영하면서 공용공간은 나날이 새롭게 단장하고 있다. 이 프로그램이 성공할 수 있었던 가장 큰 이유는 시민들이 적극적으로 참여했기 때문이다. 특히 청소년들이 자신의 재능과 손재주를 맘껏 펼칠 수 있는 장을 마련하고 있다. 이 프로그램에 참여하는 청소년들은 자신의 재능을 갈고닦을 뿐 아니라 토론토 시민이 지녀야 할 책임감과 자긍심을 품고 미래의 주인공임을 확인한다.

서울시 역시 독자적인 보행환경 개선 계획을 수립하고 지속적으로 추진하고 있다. 이 계획이 성공한다면 서울시도 시카고, 코펜하겐, 토론토에 못지않은 안전하고 아름다운 보행도시가 될 것이다. 물론 서울시와 서울 시민이 함께 노력해야 한다는 것이 필수조건이다.

아름다운 세계 보행도시

세계적인 여행 잡지 ≪데파추어(DEPARTURES)≫에서는 '세계 최고의 걷기 도시(World's Top Walking Cities)'라는 주제로 보행자와 여행자의 관점에서 세계 유명 도시들을 소개하고 있다. 도시 수는 계속 업데이트되고 있으며, 현재 12개 도시로 늘어났다. 그 가운데 7개 도시를 뽑아 기사 내용을 일부 참고하고, 관련 정보와 자료를 덧붙여 소개하고자 한다.

〈사진 5-2〉 홍콩의 야경

자료: © Base64(Wikimedia Commons).

홍콩

홍콩은 홍콩섬(香港島), 주룽(九龍), 신제(新界) 및 그 밖의 230개의 부속도서로 구성되어 있다. 홍콩은 뉴욕, 런던, 파리, 도쿄와 더불어 세계 5대 주요 도시에 속하는 월드시티이다. 도시 면적이 좁아 현대식 고층빌딩이 밀집해 있는 세계 최고의 수직도시이기도 하다. 또한 글로벌 경제 네트워크에서 핵심적인 위치에 있으며, 여름마다 개최되는 국제 보트 축제와 레이스가 유명해 관광객들이 많이 몰린다. 도시 공간이 워낙 비좁다 보니 대중교통 네트워크가 매우 발달되어 대중교통 이용률이 90% 이상으로 세계 최고의 기록을 자랑한다. 홍콩 시민과 외국 관광객들은 보행의 연장선으로 대중교통을 주로 이용하고, 도시 골목과 해변을 거닐며 노천식당

〈사진 5-3〉 뉴욕의 스카이라인

자료: © Dschwen(Wikimedia Commons).

을 애용한다. 홍콩은 교통체증을 막기 위해 자가 운전자에게 아주 높은 세금을 부과하고 있다.

뉴욕

뉴욕은 미국 내에서뿐만 아니라 세계적으로도 가장 인구가 많은 대도시 중 하나이다. 뉴욕 역시 상업과 금융은 물론 세계적인 문화도시이다. 뉴욕에는 초고층 빌딩이 많은데 순위로 따지자면 홍콩에 이어 세계 2위이다.

한때 세계 최고의 자동차 도시였던 뉴욕은 이제 세계 최고의 보행도시가 되었다. 뉴욕에는 도시공원이 많다. 그 유명한 맨해튼의 센트럴파크(Central Park)를 포함한 대부분의 공원과 호수, 산책로가 인위적으로 조성되어 있다. 뉴욕 시민은 곳곳에 즐비한 공원과 작은 숲에서 산책과 문화공간으로 즐기고 있다.

놀라운 것은 현재 뉴욕 시의 자동차용 휘발유 소비량이 1920년대와 같다는 것이다. 대중교통이 발달되어 있고, 시민들의 이용도 매우 활발하다. 그 결과 온실가스 배출량은 매우 적고 에너지 효율은 아주 높은 도시가 되었다. 또한 자전거 이용자가 아주 많고, 걸어서 출퇴근하는 사람도 점차 늘어가고 있다.

보스턴

보스턴은 미국에서 가장 오래된 도시에 속한다. 보스턴 만의 항구를 중심으로 시가지가 펼쳐진다. 보스턴은 대도시권에 둘러싸여 있을 뿐 아니라 미국에서 3위를 차지할 정도로 인구밀도가 높은 도시이다. 보스턴에는 크고 작은 대학들이 아주 많아 교육도시의 대명사가 되었다. 또한 의료도시이기도 하다. 보스턴 중심가는 유기적으로 형성되어 있는데 세계의 대도시 대부분에서 르네상스식 격자형 구조의 그리드 플랜(grid plan)을 고수하고 있는 것과는 대조적이다.

보스턴에는 미국에서 가장 오래된 공립 공원 보스턴커먼(Boston

〈사진 5-4〉 보스턴의 비컨힐

자료: © flickr.com

Common)을 포함해 큰 공원이 아주 많다. 대다수 공원이 역사가 깊다 보니 자연림이 우거져 있고, 넓은 잔디와 호수가 있는 공원들은 시민을 위한 공간이 되었다.

역사적 가치가 높은 비컨힐(Beacon Hill)은 한가롭게 산책을 즐기기에 아주 좋다. 호텔 '피프틴 비컨(Fifteen Beacon)'의 총지배인이 구상한 산책로가 일품이다. 거리의 폭은 좁으나 벽돌이 깔렸고 밤이면 가스등이 켜진다. 벽돌 사이로 비집고 나온 풀들이 자라 벽돌을 가릴 정도인 이 거리는 누구나 걷고 싶어 하는 거리가 되었다.

〈사진 5-5〉 부다페스트의 다양한 모습

자료: © mcshadypl at en.wikipedia(Wikimedia Commons).

부다페스트

부다페스트는 헝가리의 수도이며 중유럽 최대의 도시이다. 헝가리가 소련에서 독립한 이후 부다페스트는 또 다른 황금기를 맞고 있다. 다뉴브 강을 중심으로 서쪽의 '부다'와 동쪽의 '페스트'가 하나로 합쳐져 부다페스트가 되었다. 두 지역 모두가 오랜 역사를 자랑하고 있다. '부다' 지역이 다소 화려하고 '페스트' 지역은 소박한 면모를 보인다.

대표적인 관광명소인 영웅광장은 헝가리 건국 1,000년을 기념해 만들어졌는데 높게 치솟은 탑 위에는 천사 가브리엘의 동상이 있다. 이 광장을 중심으로 산재한 유적들 사이를 걸으면서 거리를 음미할 수 있다.

부다페스트의 대중교통으로는 지하철, 트램(노면전차), 교회전차가 있다. 부다페스트의 전철은 세계에서 두 번째로 건설되어 그 역사가 깊다. 특히 트램의 경우 시내 곳곳에 레일이 깔려 있어 이동이 편하며 도시경관을 쉽게 즐길 수 있다.

파리

프랑스의 파리는 세계적인 낭만의 도시이다. 나무가 늘어선 거리와 카페가 즐비한 거리, 센 강 산책로 등 파리에는 걷고 싶은 곳이 아주 많다.

파리의 도로는 매우 혼잡하기 그지없어 파리 시는 승용차 이용을 줄이는 정책을 지속적으로 펼쳐왔다. 그 결과 지금은 대중교통

〈사진 5-6〉 파리의 클뤼니 박물관

자료: © Traumrune(Wikimedia Commons).

이 시내 교통수단의 주축이 되었다. 파리 메트로와 RER(수도권고속전철)을 통해 주변 도시로 쉽게 이동할 수 있다. 지하철이 없는 지역은 버스가 운행되고 있다. 파리 시민들은 대중교통과 더불어 자전거도 많이 이용한다. 자전거전용도로도 발달했지만 버스와 자전거 공용도로도 주목을 끈다. 자전거 대여 시스템이 발달되어 있어 파리 시내 어느 곳에서나 쉽게 빌려 파리 시를 두루 다닐 수 있다. 자전거뿐만 아니라 전기차도 대여하고 있다.

50여 년 전부터 미래보행도시를 꿈꿔온 파리는 현재 보행자 우선의 친환경도시로 변모했다. 특히 모든 자동차는 라데팡스 광장 지하로 지나가게 되어 있어서 보행자들의 천국이 되었다.

베네치아

'물의 도시'라고 잘 알려진 이탈리아의 베네치아가 세계에서 가장 훌륭한 보행도시라고 하면 의아해하는 사람들이 많을 것이다. 베네치아는 작은 섬들의 도시인데 중세시대 때 원래 습지였던 곳에 토양을 쌓아 그 위에 도시를 건설했다. 도시 운하를 기반으로 수상버스, 베네치아 피플무버, 수상택시 등이 대중교통 수단으로 사용되고 있다. 베네치아의 상징물이며 영화 속에서 종종 볼 수 있는 곤돌라는 베네치아 시 곳곳을 운항한다. 세계 대도시에 교통체증이 있다면 베네치아는 곤돌라 체증이 심하다. 그러나 리알토 다리 위에서 내려다본 곤돌라의 모습은 낭만적이기만 하다. 리알토 다리는 다리 자체도 아름답지만 다리 위에 있는 아기자기한 점포

〈사진 5-7〉 베네치아의 리알토 다리와 운하

자료: © Saffron Blaze(Wikimedia Commons).

들이 예술이다. 보행자들은 쇼핑, 커피, 서점, 문화 공간 등을 통해 즐거움을 누린다.

베네치아 시민들은 자동차 의존도가 아주 낮다. 보행환경이 좋아 보행자들은 걷다가 일자리 알선센터를 만나기도 한다. 베네치아의 '차 없는 거리'는 세계적으로 가장 규모가 크다. 그야말로 도시 전체가 자동차로부터 자유롭다(car-free)고 할 수 있다. 베네치아는 인구밀도가 높고 복잡하지만 세계에서 제일 안락하고 즐거운 도시이다.

〈사진 5-8〉 자연석으로 만든 보도블록이 아름다운 프라하의 구시가 광장

자료: © asianfiercetiger(flickr.com)

프라하

체코 프라하의 역사는 구석기시대까지 거슬러 올라간다. 철의 장막이 무너진 이후 프라하는 세계에서 아주 유명한 여행지가 되었다. 오래전부터 유럽의 문화 중심지 가운데 하나였던지라, 방문객 수로 따지면 유럽 전역에서 손가락 안에 드는 도시이다.

프라하는 무채색의 미를 지닌 도시이다. 도시를 거니는 사람들은 어두우면서도 우수가 깃든 프라하의 매력을 느낄 수 있다. 프라하 시민들이나 방문객들은 주로 메트로, 트램, 버스를 이용한다.

특히 유명 자동차 회사 포르셰가 디자인한 다양한 형태의 트램은 매우 독특하고 아름답다. 또한 프라하는 체코 국내외 철도 시스템의 허브 역할을 하고 있다.

프라하는 2000년 이후 15~20년을 내다본 장기 도시 계획안을 수립했다. 시 행정 담당자가 변해도 기본 뼈대는 지금까지 유지되고 있으며, 매해 피드백을 통해 보완하고 있다. 오랜 역사를 자부심으로 여기고 보존하려 애쓰는 시민의식이 프라하의 큰 자산이다.

미래보행도시를 향한 발걸음

사람들은 멀리서라도 강이나 바다를 보는 순간 그 근처를 거닐고 싶어 한다. 어느 학자는 물이 자석과 같이 사람들을 끌어당긴다고 말했다. 영국의 템스 강에 모여드는 사람들이 그 좋은 예이다. 영국인들에게 템스 강은 그 자체로 휴식처가 된다. 강 주변에 펼쳐지는 도시경관과 잘 조성된 거리는 그야말로 환상이다. 영국의 템스 강에 버금가는 역할을 서울의 한강이 하고 있다. 한강 역시 많은 사람을 끌어모을 수 있도록 불필요한 장애요소를 제거하고 주변 경관과 조화를 이루어야 한다.

사람들은 고속도로처럼 곧게 뻗은 길보다는 자연스럽게 구불구불한 길을 더 걷고 싶어 한다. 서울에는 한양도성길, 근교자락길,

생태문화길, 한강지천길, 계절길 등 걸을만한 길들이 꽤 많이 있다. 이 길들은 혼자서 걷기보다 여럿이서 걸으면 더욱 좋은 길이다. 사람이 모일 때 에너지가 모인다. 그것은 생명체가 뿜어내는 호흡이다. '걷고 싶은 길'이라는 단어가 화두가 되어가고 있는 요즈음, 과연 '걷고 싶은 길'은 어떤 길인가? 아름다운 길? 공기가 맑은 길? 녹색 식물이 가득한 길? 사람들이 정말 걷고 싶은 길은 사람이 많은 길이다. 어불성설일 수도 있으나 도시 안에서는 이 말이 통한다. 이제 시민 스스로 걷고 싶은 도시를 꿈꾸어야 한다. 그 어떠한 고화질 영상도 자연을 직접 보느니만 못하다. 마찬가지로 그 아무리 고가의 운동기기로 운동을 해도 직접 두 다리로 자연 속을 걷는 것만 못하다.

서울시는 '걷고 싶은 서울길'이라는 웹사이트를 운영하면서 "한 걸음, 한 걸음 도심 속 건강과 여유의 쉼표"라는 슬로건을 내걸고, 서울 시민들의 일상에 쉼표를 찍는 것을 돕겠다고 선언했다. 그리고 코스 정보에 상세지도를 곁들여 걷고 싶은 서울길을 조목조목 소개한다. 서울둘레길, 근교산자락길, 생태문화길 등의 이름을 달고 있는 길들을 악기 연주하듯이, 또 연주를 감상하듯이 걸으면서 서울의 아름다움을 재발견할 수 있다.

서울둘레길은 내사산둘레길과 외사산둘레길로 이루어져 있다. 내사산둘레길은 총 21km로 남산, 낙산, 인왕산, 북악산 등 내사산

및 사대문, 한양도성을 잇는 길이고, 외사산둘레길은 157km 정도로 관악산, 북한산, 대모산, 수락산, 봉산, 아차산 등을 잇는 길이다.

근교산자락길은 주택가 인근의 낮은 산을 중심으로 조성 중인 경사가 완만한(경사도 8% 미만) 등산로 겸 산책로이다. 보행약자층, 노약자와 장애인은 물론 유모차를 끈 가족들이 모두 이용할 수 있는 무장애숲길이다. 길바닥은 흙길로 다져지거나 목재데크를 이용했다. 대중교통도 보행의 연장이라는 생각에서 근교산자락길은 모두 대중교통을 이용해 찾아가기 쉽다. 대표적으로 세 곳을 소개해보면 관악산자락길, 매봉산자락길, 안산자락길이 있다.

관악산자락길은 가족과 함께 걷기 좋은 길이다. 공간이 탁 트여 있고 피톤치드 향이 그득하다. 산림청에서 추천하는 베스트 5에 포함되는 길이다. 오래된 나무가 많아 삼림욕에 적격이다. 공사하기 전만 해도 관악산은 다른 산보다 지세가 험해서 보행약자가 오르기에는 무리가 많았다. 하지만 지금은 노인이나 아기 엄마, 장애인 등 모두가 부담 없이 거닐 수 있게 되었다.

매봉산자락길은 다른 자락길에 비해 경사가 완만하고 휴식공간이 많아 보행약자들이 부담 없이 거닐 수 있다. 또한 유모차를 끌고 산책하는 데 전혀 불편함이 없다. 매봉산 무장애길은 '소나무 향기길', '숲속 쉼터길', '바람의 길', '명상의 길' 등 주제별로 조성되어 서울 시민들의 사랑을 받고 있다.

〈사진 5-9〉 매봉산자락길과 안산자락길

자료: 서울시 제공.

안산자락길은 동네 산치고는 잣나무가 아주 무성한 곳이다. 안내표시도 아주 잘 조성되어 안전하며 '숲속무대'가 눈길을 끈다. 안산자락길을 끝까지 걸으려면 약 3시간이 걸린다. 특히 메타세쿼이아길이 안산자락길의 특징이다. 이 외에도 안산자락길에는 습지생태연못이 있어 개구리와 도롱뇽 알들을 직접 볼 수 있다.

이제 자락길에서 내려와 서울의 거리를 걸어보자.

남산은 조선시대 이후 지금까지 서울의 어머니와 같은 역할을 해왔다. 남산의 서울타워에서 서울 전경을 내려다보면 서울이라는 도시를 한눈에 읽을 수 있다. 현대인들에게는 시민공원으로 산소호흡기와도 같다. 게다가 남산한옥마을은 서울의 나이를 상기시키며 600년 역사를 되돌아보게 한다. 남산한옥마을은 유리 벽 속에 갇힌 채 박물관에 전시된 유물과는 다르다. 마을 안에서 사람

〈사진 5-10〉 회사에서 바라본 남산의 모습

자료: 왕정수 님 제공.

의 발소리와 이야기 소리와 웃음소리를 들을 수 있다.

서울시청의 시민청 입구에는 '기부하는 가야금 건강계단'이 있다. 무병장수를 상징하는 십장생과 계단을 오를 때마다 들리는 가야금 소리가 어우러져 보행의 선물을 일깨운다. 계단에 부착된 센서는 이용자 수를 카운트를 하는데, 방문자 한 명당 10원씩 기부금이 쌓인다. 반짝이는 아이디어 하나로 시민들을 걷게 할 수 있다.

신촌 연세로는 서울시에서 처음으로 보행자의 안전을 우선으로 한 대중교통전용지구로 지정되었다. 따라서 앞으로 '신촌 연세로 대중교통전용지구'는 보행자를 비롯해 16인승 이상 승합차 · 긴급

〈사진 5-11〉 서울 시청의 '기부하는 가야금 건강계단'

자료: 권상훈 님 제공.

차량·자전거만 다닐 수 있다. 인근 단거리 통행자를 위한 공공자전거 시스템을 가동할 것이다. 또한 보도를 넓히고 교통약자를 위해 보도의 높이를 차도에 맞추고 각종 보행 장애물을 제거했다. 이곳에는 사막과 같은 도시의 긴 여정에 지친 사람들이 쉬고 재충전할 수 있는 공간 '오아시스(Oasis) 0.5'를 마련했다. 이 공간은 문화행사의 장으로도 이용될 것이다.

21세기의 도시혁명

서울시 역시 도시 어느 곳에서나 마음 놓고 걸을 수 있는 길을 만드는 꿈을 꾼다. 걷는 것이란 무엇일까? 걷는 것은 조급함을 없애준다. 걷는 것은 배려이다. 걷는 것은 자기 사랑으로 이기적인 것과는 다르다. 자기를 진정 사랑할 줄 아는 사람들은 다른 사람을 사랑할 수 있다. 걸음을 떼놓을 때마다 그 사랑과 배려의 내공이 쌓일 것이며, 퇴색하고 부패해가는 인간성을 회복할 것이다. 이제 도시는 더 이상 매연과 소음의 소굴이 아니라 인간의 희망과 꿈을 회복시키며 기억하는 밝은 공간이 될 것이다.

서울시가 보행도시를 꿈꾸고 있다. 또 그 꿈을 현실로 만들기 위해 여러 방면에서 애쓰면서 시민들의 참여를 유도하고 있다. 서울시나 서울 시민이나 각자가 치러야 할 몫이 있다. 더 이상 아웃사

이더의 자리에 머물지 말고, 도시의 심장부로 걸어 들어가라. 보행만큼 평등하고 민주적인 것이 없다. 보행은 이동수단 가운데 가장 위험하지만, 가장 민주적이고 경제적이다. 친환경적인 서울시를 만드는 것은 서울시와 서울 시민의 권리요, 의무이다. 보행도시는 21세의 도시혁명이며 제3의 물결이다. 이미 혁명은 시작되었으며, 우리는 모두 원하든 원치 않든 새로운 물결을 타고 있다. 보행도시야말로 더불어 사는 행복도시이다. 이 길은 서울시와 시민이 함께 가야 하는 길이다. 서울시는 이미 보행도시를 향한 큰 걸음을 시작했다.

디지털 혁명시대인 21세기는 그 어느 시대보다 모든 것이 빨라졌다. 세계 어느 곳에 있건 휴대전화를 통한 인터넷 접속이 가능하다. 항공우편을 통해 소식을 주고받던 시대보다 교류의 시간이 훨씬 단축되었다. 다시 말해 많은 시간을 절약할 수 있게 되었으니 사람들에게는 시간의 여유가 생겨야 마땅하다. 그러나 반대로 현대인들은 더욱더 분주해지고 삶을 즐길 여유를 잃어가고 있다.

미하엘 엔데의 『모모』의 이야기가 떠오른다. 평화롭고 여유가 넘치는 도시에 회색 정장을 입은 사람들이 나타나 시민들에게 말한다. "아주 열심히들 일하시는군요. 하지만 당신들은 너무 시간을 낭비하고 있어요! 미용사가 일하는 도중 악기 연주를 하다니요! 그 시간에 일을 더 하면 돈을 훨씬 더 벌 수 있고 더욱 빨리 일을 끝마

칠 수 있기 때문에 시간이 더 남을 겁니다." 이 얼마나 합리적이고 솔깃한 말인가. 어쩌면 모바일이나 인터넷은 현대인들에게 시간을 빼앗아가는 도둑일 수도 있다. 자동차 의존 문화 역시 회색 정장을 입은 사람들, 일명 회색 인간들과 한패이다. 이제 보행을 통해 바쁜 도시생활에 쉼표를 찍어야 한다.

후기

서울 시민의 보행권이 이슈가 되기 시작한 것은 1990년대 이후이다. 처음엔 시민단체가 전문가의 도움을 받아 운동을 전개해나갔다. 이어 1995년 12월 시민교통환경센터(현 도시연대)가 출범하면서 서울시에서도 보행환경 개선에 관심을 두고 다양한 사업을 펼치기 시작했다. 구체적인 예로 서울시는 1996년 8월 녹색교통계를 신설했다. 녹색교통계는 보행환경 개선과 자전거 관련 업무를 담당했다. 서울시정개발연구원(현 서울연구원)에서도 1995~1997년 사이에 '보행자 안전을 위한 도로시설물 개선방안'과 '대중교통 지원을 위한 보행환경 개선방안'을 내놓으면서 보행환경 조성의 뼈대를 구축했다.

1997년 시민단체를 비롯한 각계각층이 연대해 '서울시 보행조례'가 제정되었다. 제4조에는 "모든 시민은 안전하고 쾌적한 보행환경에서 생활할 권리를 가진다", "모든 시민은 보행권 확보와 보행환경 개선시책의 수립과 추진에 관한 정보에 대하여 알 권리를 가진다", "모든 시민은 보행환경 개선사업에 적극 참여하고 협력하여야 할 의무가 있다"[1]라고 정의하고 있다. 이 보행조례는 서울시가 보행도시를 지향하게 된 분수령이 되었다. 서울뿐 아니라 선진국의 많은 도시에서도 잃어버린 보행권을 되찾기 위한 시민들의 자각과 함께 실질적인 움직임이 일기 시작했다. 드디어 시민과 도시가 오랜 기억상실증에서 깨어나기 시작한 것이다.

1장 서울은 왜 보행도시가 되어야 하는가?

1 Haskell William L., I-Min Lee, Russell R. Pate, Kenneth E. Powell, Steven N. Blair, Barry A. Franklin, et al., "Physical activity and public health: Updated recommendation for adults from the American College of Sports Medicine and the American Heart Association." *Med Sci Sports Exerc*, 39(2007), pp. 1423~1424.

2장 보행도시는 공존하는 도시

1 매튜 메이, 『우아한 아이디어가 세상을 지배한다』, 박세연 옮김(파주: 살림출판사, 2010), 102쪽.

2 http://traffic.seoul.go.kr/files/2013/05/519d7de064e380.20006840.pdf

3 http://www.oecd.org/sti/transport/roadtransportresearch/2675189.pdf

3장 보행도시는 안전한 도시

1 아메리카 웍스 홈페이지, www.americawalks.org/wp-content/upload/Complete-Streets.pdf

4장 보행도시를 위한 솔루션

1 김기호, "다시, 걷고 싶은 도시를 향하여", ≪걷고싶은도시≫, 9 · 10월호(도시연대, 2013).

2 "걷고 싶은 거리는 무슨? 속 터지는 거리 됐어요", ≪중앙일보≫, 2013년 11월 14일자.

3 "걷고 싶은 길 1호인데 … 관광버스 위해 좁힌 덕수궁길", ≪중앙일보≫, 2013년 11월 26일자.

4 CEOs FOR CITIES, *Walking the Walk*(2009).

5 http://www.lgc.org/freepub/docs/community_design/focus/walk_to_money.pdf

6 민현석 · 여혜진, 『서울시 차 없는 거리 개선 및 확대방안연구: 도심부를 중심으로』(서울시정개발연구원, 2012).

5장 글로벌 보행도시를 꿈꾸며

1 시카고 시 홈페이지, http://www.cityofchicago.org/content/dam/city/depts/cdot/supp_info/ChicagoPedestrianPlan.pdf

후기

1 서울시 보행조례 제4조(시민의 권리와 의무).

참고문헌

〈국내 문헌〉

강병기. 2009.『걷고 싶은 도시라야 살고 싶은 도시다』. 서울: 보성각.

민현석 · 여혜진. 2012.『서울시 차 없는 거리 개선 및 확대방안 연구』. 서울: 서울시정개발연구원.

서울특별시. 2011.「2011년 서울 도시기본계획」.

_____. 2013. 서울통계.

오성훈 · 남궁지희. 2011.『보행도시: 좋은 보행환경의 12가지 조건』. 서울: AURI.

임희지 · 박현찬 · 변미리 · 이성창 · 민현석 · 여혜진 · 이동훈. 2011.『길을 통해 본 서울성: 서울 · 부산 · 광주의 가로 비교를 통한 서울길의 독특성 분석』. 서울: 서울시정개발연구원.

정석. 1998.「서울시 보행환경 기본계획」. 서울연구원.

〈외국 문헌〉

Bower, N. 2000. "Planning for Pedestrians in Large Urban Centers." in Robert F. *Wagner Graduate School of Public Service, and Rudin Center for Transportation Policy and Management*. New York University.

City of Chicago. 2011. "The Plan." http://chicagopedestrianplan.org/pedestrian-plan/

Melosi, M. "Automobile in American Life and Society: The Automobile Shapes The City." http://www.autolife.umd.umich.edu/Environment/E_Casestudy/E_casestudy.htm

Milligan, R., G. R. McCormack and M. Rosenberg. 2007. "Physical activity levels of Western Australian adults, 2006." *Results from the Adult Physical Activity Study*. Perth: Western Australian Government.

Richmond, B., D. Begun and D. Strait. 2001. "Origin of Human Bipedalism: The Knuckle-Walking Hypothesis Revisited." *Yearbook of Physical Anthropology*. Wiley-Liss, INC.

Sites, W. 2006. "A Manifesto for a New Walking Culture: 'Dealing with the City'." *Performance Research*, Vol. 11 No. 2, pp. 115~122.

Wennberg, H. 2009. "Walking in old age: A year-round perspective on accessibility in the outdoor environment and effects of measures taken." Doctoral thesis, Bulletin 247. Lund, Sweden: Lund University, Lund Institute of Technology, Department of Technology and Society.

〈기타 자료〉

김택천 블로그 "지속가능한 지역사회만들기". http://blog.daum.net/lsak21/6094436

대한민국 국토교통부 공식홈페이지. http://korealand.tistory.com/1772

서울특별시 대기환경정보. http://cleanair.seoul.go.kr/

America Walks. http://americawalks.org/

City of Chicago. http://www.cityofchicago.org

City of Toronto. http://www1.toronto.ca/wps/portal/contentonly?vgnextoid=cb5a8d0195ce1410VgnVCM10000071d60f89RCRD

Departures. http://www.departures.com/articles/worlds-top-walking-cities

Heart and Stroke Foundation of Canada. http://www.heartandstroke.com/site/c.ikIQLcMWJtE/b.2796497/k.BF8B/Home.htm

Local Government Commission. http://www.lgc.org/freepub/docs/community_design/focus/walk_to_money.pdf

National Walk to Work Day. http://www.walk.com.au/wtw/Page.asp?PageID=1264

New Urbanism. http://www.newurbanism.org/pedestrian.html

Open Knowledge Foundation. http://okfn.org/

Walk 21. http://www.walk21.com/charter/

지은이 **임금선**

1990년 창작 장편소설 『대자보의 노래』 출간 이후 지금까지 글쓰기와 영문 번역 일을 하고 있다. 고려대학교에서 영어교육학과를 전공했으며, 글을 통해 사람과 사회변화가 가능하다는 믿음을 굳게 붙들고 있다. 수년간 청소년 캠프에서 카운슬러 일을 하기도 하면서 글쓰기뿐 아니라 행동으로 사회를 치료하고 사람을 보듬는 일을 배웠다.

최근 서울시에서 제작한 브로슈어를 영문으로 옮기는 일을 하면서 보행과 도시라는 키워드에 깊은 관심을 갖게 되었다. 인간의 가장 기본적인 보행능력과 도시의 보행여건 등에 관한 국내외 자료를 섭렵하고, 서울시 중심부와 외곽을 직접 다니면서 그동안 무심했던 서울이라는 거대공간에 대한 애정과 소망을 하게 되었다.

20여 권의 번역서와 3권의 창작집과 어린이도서를 작업했으며, 그 가운데 기억에 남을만한 것으로는 『사회개혁과 기독인의 사명』, 『모금은 모험?: 성공적인 풀뿌리모금을 위한 길잡이』, 『나눔이 주는 아주 특별한 선물』, 『좋은 것도 중독이 될 수 있다』, 『할어반의 위즈덤 10』, 『어린이를 위한 평생감사』 외 다수이다.

한울아카데미 1660
서울연구원 미래서울 연구총서 07

보행도시

기획 • 서울연구원(원장 이창현)
편집위원회 • 장영희, 유창주, 이창우, 조권중, 백선혜
지은이 • 임금선
펴낸이 • 김종수
펴낸곳 • 도서출판 한울

편집 책임 • 염정원
편집 • 김정현

초판 1쇄 인쇄 • 2013년 12월 20일
초판 1쇄 발행 • 2013년 12월 30일

주소 • 413-756 경기도 파주시 광인사길 153 한울시소빌딩 3층
전화 • 031-955-0655
팩스 • 031-955-0656
홈페이지 • www.hanulbooks.co.kr
등록번호 • 제406-2003-000051호

Printed in Korea.
ISBN 978-89-460-5660-2 93330

* 책값은 겉표지에 표시되어 있습니다.